U0457141

能源与电力分析年度报告系列

2020

国企改革关键问题分析报告

国网能源研究院有限公司　编著

中国电力出版社
CHINA ELECTRIC POWER PRESS

内 容 提 要

《国企改革关键问题分析报告》是能源与电力分析年度报告系列之一，主要围绕国资国企改革需要解决、亟须突破的重点难点问题，从国有企业智库视角提出对改革关键问题的思考及建议。年度报告采取"一年一主题"的形式，逐年跟踪改革热点动态，聚焦改革不同阶段社会广泛关注的关键问题，为国有企业改革发展、政策制定提供重要参考。

本报告围绕"激发活力"主题，以激发国有企业公司治理活力、资本要素活力、人力要素活力为重点，探讨完善中国特色现代企业制度、深化混合所有制改革、优化市场化激励约束机制，深入研究党的领导与公司治理相统一、深化规范董事会建设、完善国有资本授权经营体制、重点领域混合所有制改革、集团层面股权多元化和混合所有制改革、混合所有制企业经营机制转变、完善职业经理人制度、优化国有科技型企业中长期激励机制、探索国有控股上市公司股权激励机制9个方面关键问题，提出思考和观点以及未来发展的展望研判。

本报告可供国资国企改革政策制定者、实施者、研究者参考使用。

图书在版编目（CIP）数据

国企改革关键问题分析报告.2020/国网能源研究院有限公司编著.—北京：中国电力出版社，2020.11
（能源与电力分析年度报告系列）
ISBN 978-7-5198-5153-8

Ⅰ.①国… Ⅱ.①国… Ⅲ.①能源工业—国企改革—研究报告—中国—2020 ②电力工业—国企改革—研究报告—中国—2020 Ⅳ.①F426.2 ②F426.61

中国版本图书馆CIP数据核字（2020）第222978号

出版发行：中国电力出版社
地　　址：北京市东城区北京站西街19号（邮政编码100005）
网　　址：http：//www.cepp.sgcc.com.cn
责任编辑：刘汝青（010-63412382）　贾丹丹
责任校对：黄　蓓　马　宁
装帧设计：赵姗姗
责任印制：吴　迪

印　　刷：北京瑞禾彩色印刷有限公司
版　　次：2020年11月第一版
印　　次：2020年11月北京第一次印刷
开　　本：787毫米×1092毫米　16开本
印　　张：11.25
字　　数：149千字
印　　数：0001—2000册
定　　价：88.00元

版 权 专 有　侵 权 必 究
本书如有印装质量问题，我社营销中心负责退换

能源与电力分析年度报告

编 委 会

主 任　张运洲

委 员　吕　健　蒋莉萍　柴高峰　李伟阳　李连存

　　　　张　全　王耀华　郑厚清　单葆国　马　莉

　　　　郑海峰　代红才　鲁　刚　韩新阳　李琼慧

　　　　张　勇　李成仁

《国企改革关键问题分析报告》

编 写 组

组 长　张　勇

主笔人　刘　进　吴鸢莺

成 员　孟维烜　朱文浩　张华磊　徐云飞　卢健飞

　　　　赵　简　汪　涵　孙李淳　王　丹　石书德

　　　　何　琬　张　园　李浩澜　程嘉许　常　燕

　　　　张　倩　朱　伟　代高琪　程佳旭　曾炳昕

　　　　王悠子　李　欣　买亚宗　鲁　强　汤广瑞

　　　　夏利宇　张新圣　许精策

前 言
PREFACE

　　党的十八大以来，以习近平同志为核心的党中央高度重视国有企业改革发展工作。国资国企改革加快推进，正处于一个行动胜过一打纲领的关键阶段。2020年，在习近平总书记主持召开中央全面深化改革委员会第十四次会议上，审议通过了《国企改革三年行动方案（2020－2022年)》，开启了国有企业改革的新阶段。本报告聚焦国资国企改革主题，站在国有企业智库视角，为国有企业改革发展、政策制定提供重要参考。

　　《国企改革关键问题分析报告》是国网能源研究院有限公司推出的"能源与电力分析年度报告系列"之一，今年首次出版。报告选取国企改革中需要解决、亟须突破的关键问题，沿着改革政策和试点推进情况总结、中央企业及典型地方国有企业先进实践与启示、改革难点问题与深层原因分析、政策实施中的实操难点、未来展望等思路展开。

　　本报告共分为9章。其中，概述由刘进主笔；第1章党的领导与公司治理相统一由孟维烜主笔；第2章深化规范董事会建设由吴鸾莺主笔；第3章完善国有资本授权经营体制由朱文浩主笔；第4章重点领域混合所有制改革由张华磊主笔；第5章集团层面股权多元化和混合所有制改革由徐云飞主笔；第6章混合所有制企业经营机制转变由卢健飞主笔；第7章完善职业经理人制度由赵简主笔；第8章优化国有科技型企业中长期激励机制由汪涵主笔；第9章探索国有控股上市公司股权激励机制由孙李淳主笔。全书经张勇、王丹、石书德、何琬、张园、李浩澜深入研讨，由刘进、吴鸾莺统稿，程嘉许、常燕、张倩、朱伟、代高琪、程佳旭、曾炳昕校核。

在本报告的编写过程中，得到了国务院国资委、国务院发展研究中心、国家电网有限公司、中国人民大学等政府部门、企业、高校专家的大力支持，在此表示衷心感谢！

限于作者水平，虽然对书稿进行了反复研究推敲，但难免仍会存在疏漏与不足之处，恳请读者谅解并批评指正！

编著者

2020 年 11 月

目 录
CONTENTS

深化混合所有制改革篇

优化市场化激励约束机制篇

概　　述

激发活力是国有企业改革的基本主线。国有企业改革是不断适应社会化大生产和社会主义市场经济要求、增强企业活力动力的过程。党的十四大报告明确提出"把企业推向市场，增强它们的活力"，党的十五大报告提出"使企业成为适应市场的法人实体和竞争主体"，党的十八届三中全会提出"深化国有企业改革要以提高国有资本效率、增强国有企业活力为中心"。随着企业经营机制转化、现代企业制度建设等系列改革举措，国有企业的市场主体地位进一步明确，国有企业企业家、干部职工工作的积极性进一步激发，极大地推动了社会生产力的发展。

2020年是国企改革三年行动方案的开启年。2020年6月30日召开的中央全面深化改革委员会第十四次会议审议通过了《国企改革三年行动方案（2020－2022年）》。10月12日，国务院新闻办公室举行的实施国企改革三年行动、推动国有企业改革发展有关情况政策例行吹风会，明确提出了国企改革三年行动应聚焦完善中国特色现代企业制度、积极稳妥推进混合所有制改革等8个方面的重点任务。通过国有企业改革三年行动，在形成更加成熟、更加定型的中国特色现代企业制度和以管资本为主的国资监管体制上取得明显成效；在推动国有经济布局优化和结构调整上取得明显成效；在提高国有企业活力和效率上取得明显成效，切实增强国有经济竞争力、创新力、控制力、影响力、抗风险能力。基于以上考虑，本报告围绕"激发活力"，选择完善中国特色现代企业制度、深化混合所有制改革、优化市场化激励约束机制3个专题开展研究。

（一）完善中国特色现代企业制度，激发企业治理活力

全面落实"两个一以贯之"，建立完善中国特色现代企业制度，是新时代全面深化国有企业改革的根本遵循。通过深化国企改革，国有企业党的领导全面加强，中央企业公司制改制全面完成。然而，公司各治理主体的权责边界有待进一步清晰，协调运转、有效制衡的机制有待探索解决；董事会科学决策、自主决策的能力还有待提升；企业集团与下级单位的授权放权力度还有待深

化。国企改革三年行动重点任务之一是要完善中国特色现代企业制度，坚持"两个一以贯之"，形成科学有效的公司治理机制。因此，本专题立足于党的领导与公司治理相统一、深化规范董事会建设、完善国有资本授权经营体制等三大关键问题，基本结论如下：

党的领导与公司治理相统一。党中央系列政策文件对明确公司治理主体职责边界、落实党组织前置研究讨论程序、完善"双向进入、交叉任职"领导体制等提出更高要求。国家电网有限公司、中国宝武钢铁集团有限公司等中央企业在探索公司治理职权清单化、优化整合公司治理支撑机构职责、完善研究讨论重大问题前置程序的制度流程等方面积累了经验。国有企业应借鉴先进中央企业的做法，坚持制度创新与实践创新协同演进的发展理念，以职权界面、制度流程、人才基础为重点，加快突破治理权责不够清晰、决策质效不够显著、领导体制有待健全等难点问题，进一步推动党的领导和公司治理相统一。

深化规范董事会建设。国有企业在充分发挥董事会战略引领、科学决策、风险防控作用，落实董事会依法行使重大决策等职权，强化外部董事履职尽责，完善董事会信息披露机制等方面进行了有益探索和实践，但仍然面临董事会权责不清、约束不够、缺乏制衡，部分企业二级子企业董事会形同虚设等问题。下一步，国有企业应进一步强化董事会功能定位，更好发挥董事会在价值发现和价值创造等方面作用；从政策指导方面，应强化国有企业子企业董事会履职管理体系和董监事管理体系建设，对下属单位董事会建设给予支持。

完善国有资本授权经营体制。国有资本授权经营体制已经在政策和实践层面开展了有益探索。政策层面，国有企业授权力度持续加大、授权管理方式不断优化，授权经营方式更加科学。实践层面，国有企业结合自身特点在授权制度体系建设、分层分类授权机制、授权放权事项等方面积累了大量经验。面对集团公司仍然存在不敢授权、不愿授权，子公司不愿接权、接不住授权的问题，建议国有企业不断完善以母子公司章程为核心的授权管理制度体系，明确国有企业集团总部定位、提升战略决策能力、做实子公司董事会、建立授权动态优化调整机制与风险防控监督体系。

（二）深化混合所有制改革，激发资本要素活力

混合所有制改革是本轮全面深化国有企业改革的重点和焦点。目前，混合所有制改革不断推进，混合所有制企业数量和质量大幅提升。然而国有企业在电力、石油、天然气、铁路、民航、电信、军工等重要领域的改革探索有待进一步推进，集团层面混合所有制改革有待加强，以"混"资本促进"改"机制的步伐有待加快。国企改革三年行动要求积极稳妥推进混合所有制改革，促进各类所有制企业取长补短、共同发展。本专题立足重点领域混合所有制改革、集团层面股权多元化和混合所有制改革、混合所有制企业经营机制转变等三大关键问题，基本结论如下：

重点领域混合所有制改革。研判 20 余家重点领域混改企业特点可以看出，石油、天然气领域混改起步早，大多企业通过资产重组、出资新设等方式推动核心业务板块混改；电力领域央企混改范围较广、项目较多，引资规模较大，大多企业充分利用上市平台开展混改；电信领域以推动垄断性业务环节为主开展混改；民航领域通过核心业务上市平台引入非公战略投资者；铁路行业产业链长，参与混改的企业较多，京沪高铁上市社会影响力大。下一步，重点领域混合所有制改革的混改对象，主要以放开垄断性行业的竞争性业务领域为主，首选主业板块、业务独立、增长潜力好的企业；混改层级集中在二三级子公司；混改方式以增资扩股模式为主、以股权转让为辅；多数央企集团的国有股权稀释到 33.4％～66.6％，且仍保持相对控股；高新技术企业混改数量逐步增多；依托资本市场开展混改渐成趋势。建议重点领域央企更大范围放开对非公资本的准入，发挥国有资本的引领和带动作用；持续推出具有较大社会影响力的项目，培育更多混改尖兵；充分利用资本市场，提升改革透明度和市场化程度；加快转变企业管理机制转变，完善市场化管理机制。

集团层面股权多元化和混合所有制改革。综合研判 5 家央企和 14 家地方国企集团层面混改动态，国有企业集团层面混合所有制改革主要有上市、兼并重

组、股权激励和员工持股、引入战略投资者等 4 种模式。中央企业层面混合所有制改革主要以国有股东间相互持股、以央地合作模式为主，通过引入国有投资公司或者政府改革发展基金的方式引入战略投资者。上海、浙江、深圳等走在前列的地方国有企业集团主要以上市为主。集团层面混合所有制改革应坚持因地制宜、因企施策的原则，采取契合公司业务和战略方向的改革模式，构建有效制衡的公司治理机制。

混合所有制企业经营机制转变。综合分析 20 多家央企和地方国有企业混合所有制企业机制转换的先进案例，典型企业在完善法人治理结构、建立市场化选人用人和激励约束机制、提高企业运营效率、做强做优主业等方面进行了富有成效的多样化探索。对于混合所有制企业而言，"改机制"是混合所有制改革的重点和难点，只有通过建立现代企业制度实现资本"形混"和制度"神混"的统一，推动三项制度改革实现以"引资本"促"转机制"，做强做优做大主业，才能进一步激发混合所有制企业活力，实现混合所有制改革的真正目的。

（三）优化市场化激励约束机制，激发人力要素活力

优化市场化激励约束机制是深化国有企业改革的关键，要持续充分调动企业家、科技骨干、职工的积极性，激发各类人力要素活力。目前，灵活高效的市场机制还不完善，职业经理人制度探索任重道远；国有科技企业和上市公司有效的激励机制不够健全，一些企业关键技术人才流失。国企改革三年行动要求激发国有企业的活力，健全市场化经营机制，加大正向激励力度，也由此提高效率。基于此，本专题立足完善职业经理人制度、优化国有科技型企业中长期激励机制、探索国有控股上市公司股权激励机制等三大关键问题，基本结论如下：

完善职业经理人制度。职业经理人制度建设是深化国有企业改革中一项重要改革任务。经过多年探索，国有企业推行职业经理人制度的操作流程在政策层面已经逐渐明晰。各类中央企业主动作为，通过内外部选聘、完善公司治

理、加强契约化管理、提供市场化薪酬等方式，积极推动职业经理人制度落地实施。同时，也显现出公司治理机制尚未实现高效运转、党管干部实现形式有待创新、薪酬激励的市场化程度不足、职业经理人市场尚不成熟等问题。下一步，国有企业加强职业经理人制度建设，应强化以下 6 个方面举措：一是依法落实董事会职权，分类引入职业经理人制度；二是创新党管干部原则与职业经理人制度建设的结合形式；三是加强契约化管理，进一步完善市场化考核和激励机制；四是强化风险管理，健全职业经理人监督约束机制；五是强化完善市场化退出，建立职业经理人流动机制；六是强化企业文化建设，优化职业经理人制度建设的软环境。

优化国有科技型企业中长期激励机制。国有科技型企业中长期激励作为推进科技成果转化、激发科研人员活力的重要手段，已成为国有科技型企业薪酬激励体系的重要组成部分。近年来，党中央、国家各部委下发了多部文件，对适用企业范围、激励方式、适用企业条件、激励对象、激励额度、激励方案审批要求等作出了明确规定。国有科技型企业常用的中长期激励方式包括项目收益分红、岗位分红、股权出售、股权奖励、股权期权、虚拟股权、项目跟投、超额利润分享等 8 种方式，各类方式的优势及劣势各有不同，国有科技型企业应根据政策边界条件、科技成果转化阶段以及企业经营业务情况等，选择适合企业实际情况，并能够满足激励需求与目的的激励方式。选定激励方式后，可按照各类激励方案设计模式，逐步完成激励方案设计并推动实施。

探索国有控股上市公司股权激励机制。从国资国企改革角度来讲，开展国有控股上市公司股权激励，有利于构建有效制衡的治理结构、防范一股独大及内部人控制问题，有利于激发干部员工改革魄力、内生动力，推进企业转型升级、高质量发展。从产业及企业发展角度来讲，知识经济属性增强、市场竞争日益激烈，通过股权激励方式吸引保留优质人才、激发创新创造活力更具价值。从人力资本要素和劳动力市场角度来讲，股权激励既符合人才激励、要素市场化配置体制机制改革趋势，也可满足国有控股上市公司突破固有体制制约、在人才竞争中赢取先机的内在需要。探索实施过程中，应重点关注证监会政策的限制性条款，严格遵守国务院国资委针对性文件的各方面规定，守住红线、规范激励；需基于自身治理水平、发展诉求、激励水平、人才需求、各方面改革政策支持等，综合考量激励机制优化方向，以及开展股权激励的可行性、必要性；需科学评估岗位职责、业绩贡献、不可替代性、市场稀缺性等，合理选取激励对象；需系统协调、统筹确定股权激励的总量、个量水平，实现合理分配、精准激励。

完善中国特色
现代企业制度篇

2016 年习近平总书记在全国国有企业党建会议上发表重要讲话，强调了坚持"两个一以贯之"原则，建设中国特色现代国有企业制度。十九届四中全会作出推进国家治理体系和治理能力现代化的重大决定，要求坚持党的全面领导，不断健全治理结构与机制，探索完善中国特色社会主义国有企业治理模式。

从中国特色现代企业制度建设角度看，党的领导融入公司治理在各企业的实践和探索还有进一步优化提升的空间，国家层面顶层设计体系有待进一步完善；公司各治理主体的权责边界有待清晰，董事会作为现代企业制度中心环节的作用有待进一步发挥，各治理主体协调运转、有效制衡的机制有不少操作层面的问题有待探索解决；随着《国务院国资委授权放权清单（2019 年版）》颁布，国有资本授权经营体制存在诸多值得探讨的问题。

本篇针对上述问题重点开展 3 方面研究，主要通过研究党的领导与公司治理相统一、深化规范董事会建设、完善国有资本授权经营体制 3 个方面问题，对更好发挥好党组织领导作用、董事会决策作用、优化集团公司与子公司授权机制提出针对性举措，加快推动国资国企高质量发展。

1

党的领导与公司治理相统一

2016 年全国国有企业党的建设工作会议上，习近平总书记首次提出"两个一以贯之"❶ 原则，强调了"中国特色现代国有企业制度，'特'就特在把党的领导融入公司治理各环节，把企业党组织内嵌到公司治理结构之中，明确和落实党组织在公司法人治理结构中的法定地位，做到组织落实、干部到位、职责明确、监督严格"。当前，推动党的领导与公司治理相统一，已成为全面深化国有企业改革的基础前提与主要内容，对推进国有企业治理体系和治理能力现代化具有重大意义。

推动党的领导与公司治理相统一，要求进一步明确党委（党组）与其他治理主体的职责边界，落实党组织前置研究讨论程序、完善"双向进入、交叉任职"领导体制，推动国有企业深化改革，完善中国特色现代企业制度。本研究通过分析党的领导与公司治理相统一总体进展，梳理国有企业在细化治理主体职责界面、治理机构职能整合、完善前置程序流程等方面先进实践，为深入推动党的领导与公司治理相统一、建立健全中国特色现代企业制度，提供借鉴参考。

1.1 政策要求与改革进展

1.1.1 政策要求

总体来看，党的领导与公司治理相统一，正进入"上下互动，双向促进"的政策与实践同推进阶段，相关政策体系逐步建立健全，当前，规范和保障党的领导与公司治理相统一的政策体系逐步完备，不仅明确了党的领导与公司治理相统一的总体要求，还对党的领导与公司治理相统一的实践路径与基本工作

---

❶ "两个一以贯之"原则，即坚持党对国有企业的领导是重大政治原则，必须一以贯之；建立现代企业制度是国有企业改革的方向，也必须一以贯之。

事项提出了明确要求，为推动党组织"把方向、管大局、保落实"职能定位落到实处，提供了根本遵循与政策指引。党的领导与公司治理相统一重点政策见表1-1。

表1-1　　　　　　　　党的领导与公司治理相统一重点政策

会议文件	内　容
《中国共产党章程》（2017年10月）	国有企业党委（党组）发挥领导作用，把方向、管大局、保落实，依照规定讨论和决定企业重大事项
《关于在深化国有企业改革中坚持党的领导加强党的建设的若干意见》（2015年）	**(1) 首次提出要把加强党的领导和完善公司治理统一起来**，明确国有企业党组织在公司法人治理结构中的法定地位。 **(2) 明确要求各国有企业应当在章程中明确党建工作总体要求**，明确党组织在企业决策、执行、监督各环节的权责和工作方式，以及与其他治理主体的关系，使党组织成为公司法人治理结构的有机组成部分，使党组织发挥领导核心作用和政治核心作用组织化、制度化、具体化
《中共中央、国务院关于深化国有企业改革的指导意见》（2015年）	把加强党的领导和完善公司治理统一起来，将党建工作总体要求纳入国有企业章程，明确国有企业党组织在公司法人治理结构中的法定地位，创新国有企业党组织发挥政治核心作用的途径和方式；**首次提出"四同步"**①，提出坚持和完善双向进入、交叉任职的领导体制，董事长、总经理原则上分设，党组织书记、董事长一般由一人担任（即"一肩挑"）
全国国有企业党的建设工作会议（2016年）	**首次提出了"两个一以贯之"**，阐释了中国特色现代国有企业制度，"特"就特在把党的领导融入公司治理各环节，把企业党组织内嵌到公司治理结构之中；**首次提出"前置程序"**，明确党组织研究讨论是董事会、经理层决策重大问题的前置程序。重大经营管理事项必须经党组织研究讨论后，再由董事会或经理层作出决定
《关于进一步完善国有企业法人治理结构的指导意见》（2017年）	**要从理顺出资人职责、加强董事会建设、激发经理层活力、完善监督机制、坚持党的领导等5个方面规范主体权责**，健全以公司章程为核心的企业制度体系，充分发挥公司章程在企业治理中的基础作用。**要充分发挥党组织的领导核心和政治核心作用**，领导企业思想政治工作，支持董事会、监事会、经理层依法履行职责，保证党和国家方针政策的贯彻执行；**首次提出推进中央企业党组（党委）专职副书记进入董事会**

会议文件	内　　容
《中国共产党国有企业基层组织工作条例（试行）》（2020年）	**明确新增五类党委（党组）研究讨论事项。**包括：企业发展战略、中长期发展规划，重要改革方案；企业资产重组、产权转让、资本运作和大额投资中的原则性方向性问题；企业组织架构设置和调整，重要规章制度的制定和修改；涉及企业安全生产、维护稳定、职工权益、社会责任等方面的重大事项；其他应当由党委（党组）研究讨论的重要事项。**首次提出国企党委（党组）应当结合企业实际制定研究讨论的事项清单，**厘清党委（党组）和董事会、监事会、经理层等其他治理主体的权责；**首次提出做好选配企业领导人员工作，**加大优秀年轻领导人员培养选拔力度，加强企业领导人员管理监督；**首次提出具有人财物重大事项决策权且不设党委的独立法人企业的党支部（党总支），**一般由党员负责人担任书记和委员，由党支部（党总支）对企业重大事项进行集体研究把关；**首次提出分公司等非独立法人企业，**党委书记和总经理是否分设，结合实际确定

①　"四同步"指在国有企业改革中坚持党的建设同步谋划、党的组织及工作机构同步设置、党组织负责人及党务工作人员同步配备、党的工作同步开展，保证党组织工作机构健全、党务工作者队伍稳定、党组织和党员作用得到有效发挥。

1.1.2　改革进展

一是"党建进章程""一肩挑"加快落实。明确国有企业党组织在公司法人治理结构中的法定地位，是推动党的领导与公司治理相统一的制度基础。国有企业落实党中央决策部署，依据《中国共产党章程》《中国共产党党组工作条例》等党内法规，以"党建工作要求进章程"为契机，加快落实"一肩挑""前置程序"等工作要求，明确了党组织在公司法人治理结构中的法定地位，夯实了党组织作用发挥组织化、制度化、具体化的制度基础。截至2018年10月，中央企业集团全部落实"党建进章程"，全部落实党委（党组）书记和董事长"一肩挑"、党员总经理兼任副书记，全部落实党组织研究讨论作为公司决策重大事项前置程序。

二是党委（党组）及三会一层职责界面逐步清晰。"两个一以贯之"原则为建设中国特色现代企业制度提供了根本遵循。国有企业积极探索明确党委

（党组）及三会一层职责界面，推动落实党组织"把方向、管大局、保落实"重要职责。在这方面，中央企业依据全面从严治党、健全公司治理结构等相关政策要求，通过制定修订"三重一大"决策事项管理办法及权责清单，分类分项梳理各治理主体职责，健全决策机制与决策流程，逐步实现对党组织与其他治理主体职责界面和运行方式的科学界定。

1.2 先进实践

中央企业作为国有经济的中坚力量，其公司治理改革关乎着国有经济改革的成效。党的十八大以来，中央企业积极探索推动党的领导与公司治理相统一，形成了诸多具有较强可参考性、可借鉴性的先进经验。国家电网有限公司（简称国家电网）、中国大唐集团有限公司（简称中国大唐）、中国宝武钢铁集团有限公司（简称中国宝武）、中国诚通控股集团有限公司（简称中国诚通）、中国电子科技集团有限公司（简称中国电科）、国家开发投资集团有限公司（简称国投集团）、中国移动通信集团有限公司（简称中国移动）、中国兵器工业集团有限公司（简称中国兵器）、中国长江三峡集团有限公司（简称三峡集团）、中国石油化工集团有限公司（简称中石化）、华润集团有限公司（简称华润集团）等10余家中央企业在工作机构职能整合、细化公司治理主体职责界面、完善前置程序制度流程等方面开展了有益探索。

1.2.1 探索治理职权清单化

针对党组织与其他公司治理主体权责界面不够清晰、行权标准不统一等问题，中央企业在明确党组织在法人治理中法定地位的基础上，通过修订"三重一大"决策事项管理办法等制度规定，以职权清单方式探索制定议事规则、权责运行手册等决策事项清单，明确各治理主体决策事项范围、类别与标准，进一步清晰党委（党组）、董事会、管理层等治理主体职责界面。典型企业制定决策事项清单相关实践见表1-2。

表1-2　　　　　　　　　典型企业制定决策事项清单相关实践

企业	先　进　实　践
华润集团	（1）《关于加强党的领导与公司治理有机统一的指导意见》：对公司治理主体定位、决策权限、章程等事项进行了明确指导。 （2）《华润集团权责运行手册》：细化"三重一大"决策事项的具体范围和标准，梳理清晰党委（党组）、董事会、管理层的决策权限和决策流程
国投集团	（1）修订《国投党组工作规则》《贯彻落实"三重一大"决策制度实施办法》，进一步明确公司重要决策事项的内容和标准。 （2）出台《国家开发投资集团有限公司中国特色现代企业公司治理权责表》：将150余项决策事项，划分为党委（党组）决定事项、"三重一大"事项、董事会直接决策事项和一般性经营管理事项等4个类别，并明确事项决策责任主体
三峡集团	通过"三重一大"决策事项管理办法，列举定性决策事项。其中，由党委（党组）审议决策的有4大类25项，由董事会审议决策的有24项，原则上所有上董事会的议案都要先上党组会，党组会决议先行
中国宝武	出台《中国宝武"三重一大"事项决策实施办法（试行）》，编制决策事项清单。细分重大决策、重要人事任免、重大项目安排、大额度资金运作4大类81个决策子项，明确"三重一大"决策的具体事项的决策范围、决策主体、决策方式，其中34项由党委常委会审定，主要集中在"重大决策"类中加强党的建设部分，以及"重要人事任免"类事项，体现全面从严治党要求和党管干部原则
中国电科	制定现代国有企业"1＋3"权责表和"三重一大"制度与议事规则，理顺党委（党组）、董事会、总经理的权责关系。其中，《中国电子科技集团公司现代国有企业"1＋3"权责表》针对党委（党组）、董事会、总经理等权责对象，关注企业改革发展、经营管理中的主要权责事项，明确每个权责事项的最终决策权、审议权、提议权等3种权责行为
国家电网	相继印发党组议事规则、董事会议事规则、总经理工作规则及总部工作规则等11项配套制度。明确界定了各治理主体之间的职责界面和运行方式。将重大决策合法性审核内嵌到公司治理主体决策程序，分别制定了必须经党组织、董事会和经理层进行合法性审核的4大类23项决策清单，有效保障了重大决策依法合规

1.2.2　优化整合支撑机构职责

推动党的领导与公司治理相统一，需要解决好党组织与其他治理主体共同治理、协调运转的问题，要求对公司治理相关机构职责进行整合优化，进而推动公司治理过程顺畅运行。

中国大唐通过设立党组与董事会办公室，实施治理职能"三整合"，推动实现公司治理过程闭环管理。一是整合服务职能，把服务支撑集团党组、董事会日常工作，以及对接服务国资监管机构的三项职能赋予该部门，强化工作协同；二是整合决策落实职能，将党组、董事会决策执行的督查督办职能赋予该部门，形成工作闭环；三是整合决策支撑职能，将政策研究职能整合到该部门，承担国家政策及重大课题研究、企业战略管理，强化综合协调能力、专业支撑能力、组织执行能力。

1.2.3 完善前置程序的制度流程

目前，党组织研究讨论重大问题的前置程序，还存在研究范围界定不清、重复研究决策、决策责任不明确等问题，根源问题主要在于前置程序的制度流程仍不完善，责权衔接不够紧密。中央企业以制度化、信息化为基础，通过明确党组研究前置具体事项、权限、清单及程序，将相关事项的决策主体、决策流程及决策文件内嵌入管理系统，逐步提升前置程序运行质效。典型企业完善前置程序流程相关实践见表1-3。

表1-3　　　　　　　　典型企业完善前置程序流程相关实践

企业	先 进 实 践
中国兵器	**严格落实党组织研究讨论作为董事会、经理层决策重大事项的前置程序要求。**明确党组织研究前置具体事项、权限、清单及程序，将党组与董事会、经理层的行权衔接贯通起来，形成了权责边界清晰、行权有效衔接的决策机制
国投集团	规范**"提出议案、前置讨论、决策决定、督办考核、总结提升"的决策事项全流程闭环管理。**建立决策会议系统，通过信息化手段，将决策主体、决策流程以及决策文件内嵌入系统中，实现了决策流程的硬约束，提升了智能化治理水平

续表

企业	先 进 实 践
中国宝武	（1）提出"三个坚持、四个把关、四个不上会"①前置程序原则。 （2）建立"重大经营管理事项"的决策流程。中国宝武党委常委会重点对重大决策、重大项目安排、大额度资金使用事项进行前置把关，然后根据董事会的分层授权体系，交由董事会或公司常务会决策。 （3）对于进入党委常委会研究讨论的重大事项，除党的建设和人事类事项由党委常委会直接决策审定，经营管理类事项须经党委常委会形成"同意""原则同意"意见后，提交公司常务会、董事会决策。 （4）对于不属于"三重一大"的事项，由公司常委会审核后交董事会审定。 （5）对"三重一大"清单未列举完全的重要经营管理事项，经党委认定属于重大事项的，也纳入前置讨论范畴
中石化	（1）明确党组织研究讨论重大问题前置程序的议事范围。明确公司章程、"三重一大"、投资类等基本治理制度，必须通过董事会审议；将涉及人事、薪酬、职工待遇的都交由党委会决策，涉及生产经营事项由党委会前置，董事会决策。 （2）制定授权管理办法，明确董事会授权董事长办公会、总经理办公会决策的事项范围，明确不经过党委会前置的"三重一大"以外重大事项

① "三个坚持"：坚持党委集体研究讨论，避免以书记个人意见代替党委意见；坚持充分落实党委意图；坚持党委把关不决策，支持董事会、经理层有效发挥作用。"四个把关"：把好政治关、方向关、纪律关和规则关。在此基础上，实施"四不上会"，即决策条件出现重大变化的不上会；临时动议的不上会；论证不充分的不上会；意见分歧较大的不上会。

1.3 难点问题与深层原因

近年来，随着深化国有企业改革的不断推进，国有企业努力把党的领导融入公司治理各环节，坚持在融入上下功夫，在探索建立中国特色现代企业制度方面取得了积极进展。但在坚持党的领导与公司治理有机统一的实践中，仍存在治理权责不清晰、决策质效不够高、领导体制有待健全等需要解决的难点问题。

1.3.1 治理主体职责划分不够清晰

目前，国有企业按照相关政策要求修订公司章程，明确了党组织在公司法人治理结构中的法定地位，但多数企业治理主体权责清单规定仍比较概略，党组织前置研究讨论与直接决策的事项边界还不够清晰。在公司治理过程中，国有企业党委（党组）权责容易被放大，其他公司治理主体职责履行也容易出现偏差。

从根源因素来看，首先，国有企业党委（党组）肩负企业重大责任，既要落实国资监管机构的涉企重大经营决策，又要确保实现各项企业经营目标，因而在公司治理制度体系尚不健全的情况下，国有企业党委（党组）往往存在"既把方向又抓经营"的惯性问题；其次，公司治理主体职权划分不清晰细化，反映了目前国有企业的治理制度不够健全、治理过程管理尚不够精细。

1.3.2　前置程序执行成效不够显著

目前，国有企业基于公司章程及相关议事规则，贯彻落实党组织研究讨论前置程序相关要求，但部分国有企业对前置事项的理解与执行存在偏差。部分国有企业党委（党组）前置研究事项过宽、过多，党委（党组）前置决策事项偏多，党委（党组）任务较重，研究讨论质量不高，董事会、经理层决策"空转"，内外部制衡效果提升不显著，科学决策效率仍有较大提升空间。

从根源因素来看，一是部分国有企业对前置程序的理解还不够深入，将前置研究当作前置决策，没有清晰区分党委（党组）在重大事项决策中行使的决定权、把关权、监督权；二是国有独资企业中党委（党组）班子与董事会、经理层成员重叠较高，容易产生同一事项、同一拨人、重复上会、重复审定的问题，容易错失市场机会；三是有的国企还存在前置程序履行不严格、不规范等问题，影响了前置程序的运行质量。

1.3.3　"一肩挑"　落实面临诸多难题

全面落实"一肩挑"是加强党的基层组织建设、推进党的领导与公司治理相统一的重要环节。当前，国有企业集团层面推进"一肩挑"体制落实落地工作已基本完成，但国有企业分子公司在推进"一肩挑"工作上还存在落实不到位、运转模式不够明确等问题。一是国有企业分公司总经理与党委书记分设，导致分公司党委与经理层决策事项上存在交叉重叠、程序错位问题；二是经理层成员按规定程序进入党委班子，仍较缺乏既懂经营管理又善于抓党建的领导人才，抓党建、促发展的能力和动力仍需加强。

从根源因素来看，首先，"一肩挑"相关政策在落地过程中面临国有企业治理结构不健全、管理体系不配套、集团管控不适应等问题困扰；其次，目前对于"一肩挑"领导人员缺乏系统的培养锻炼体系，由于缺乏必要的党务工作经历和党建工作训练，导致难以将党的全面领导与企业中心工作充分融合，领导人员的企业家精神未得到充分激发。

1.4 完善举措

纵观国内外企业治理制度变革历程，先进的制度均是在经历较长时间的演化迭代与创新完善后才能充分发挥其制度优势。推进党的领导与公司治理相统一，是将我国政治经济体制与国有企业法人治理深度结合的重大制度创新，这一制度创新与我国国家治理体系现代化一脉相承，需要经历顶层制度设计与国企创新实践较长时间的互动迭代，才能充分发挥其制度优势。面向未来，推进党的领导与公司治理相统一，需要坚持制度创新与实践创新协同演进的发展理念，以职权界面、制度流程、人才基础为重点，加快突破治理权责不够清晰、决策质效不够显著、领导体制有待健全等制度执行难点问题，将中国特色现代企业制度创新引向深入。

1.4.1 持续优化治理主体职责界面

新时期，国有企业应全面加强对治理制度与治理过程的管理创新，基于优化"三重一大"事项制度，协调推进企业内控、依法治企、管控体系、简政放权等公司治理相关改革，探索施行公司治理职权清单化管理。具体而言，一是采取分类和穷举相结合的方式，通过清单细化优化企业"三重一大"决策事项，将"三重一大"事项细分为党的建设、重要人事任免、重大决策、重大项目安排、大额度资金使用等大类事项子项；二是结合国有企业总部、产业板块及子企业实际，明确各企业重大事项的决策范围、决策主体和决策方式，提高决策效率。

1.4.2　健全细化前置程序流程

随着党中央对施行前置程序的范围和要求逐步提升，国有企业应重点提升前置程序的运行效率与运行质量，增强科学决策质效。**一是健全前置研究讨论程序的流程管理**。在重大问题决策的信息收集、决策讨论前、决策讨论中、讨论后等各阶段，通过加强信息共享、交流沟通、汇报追责等举措，既维护董事会对企业重大问题的决策权，又保证党组织的意图在重大问题决策中得到充分体现。**二是差异化设置重大及常规事项决策流程**。对于关系国计民生、国家战略、社会安全稳定等企业重大决策事项，应建立联合决策、集体决策的创新机制，提升决策效率与决策科学性。对于以战略管理、投资决策、制度修订、经营管理等企业内部管理为主的常规性重大决策事项，应进一步提升前置程序的制度化、信息化水平，提升决策过程规范化、流程化水平。

1.4.3　完善党政 "一肩挑" 领导体制

聚焦推进党的领导与公司治理相统一对完善党政"一肩挑"领导体制的要求，国有企业应重点构建与"一肩挑"体制相适应的领导人员选拔、培养与考核机制。**一是健全领导人员选拔机制**。优化选拔标准，充分发挥党委（党组）在确定标准、规范程序、参与考察、推荐人选等方面作用，突出对"一肩挑"干部选拔的严格政治标准。**二是健全领导人员培养机制**。加强对领导人员业务、党建、决策等重点能力培养，制定"一肩挑"领导人员梯队培养方案，加大生产经营岗位与党务岗位的交流轮岗力度，将党务工作岗位作为培养优秀年轻干部的重要平台。**三是健全领导人员考核机制**。健全"一肩挑"干部考核内容，加强对"一肩挑"领导人员在推动发挥党委（党组）"把方向、管大局、保落实"领导作用、推动发挥基层党员先锋模范作用等方面的考核权重，激发国有企业领导人干事创业、大胆试错、勇于开拓的热情与动力。

2

深化规范董事会建设

公司治理是现代企业制度的核心，董事会在公司治理结构中处于核心地位，发挥着至关重要的作用。当前，我国经济已由高速增长阶段转向高质量发展阶段，当前正处在转变发展方式、优化经济结构、转换增长动力的攻关期。面临错综复杂的内外部环境，企业经营环境不确定性增加，国有企业应以治理变革推动经营机制转换，在经济性、战略性、效益性3个方面着力，充分发挥外部董事及派出董事的作用，提升董事会战略引领能力、科学决策能力与风险防控能力，确保企业持续健康发展。

作为国企改革的重要内容，深化规范董事会建设主要涉及充分发挥董事会作用、加强外部董事履职、优化完善董事会运作机制、落实董事会权利、强化子企业董事会建设与管理等方面。通过分析董事会建设相关政策与改革进展，追踪中央企业在规范董事会建设、充分发挥董事会作用方面的经验做法，分析典型企业在董事会功能定位、外部董事作用发挥、所属子企业董事会建设与管理等方面的难点问题和最新做法，为真正发挥董事会在现代企业制度中的作用提供借鉴。

2.1 政策要求与改革进展

从2004年开展国有独资公司董事会试点工作以来，国有企业规范董事会建设持续深化，整体推进格局全面形成，公司治理机制和体制明显改进。**政策要求方面**，从总体要求、试点推进到指导意见、工作方案等逐步落实完善，形成了完善国有企业法人治理结构、推进规范董事会建设的一整套顶层政策体系；**改革进展方面**，中央企业全面推动建立外部董事占多数的董事会，在董事会功能定位、作用发挥、运行机制、子企业董事会建设方面进行了有益探索，推动董事会规范运作，切实发挥战略引领、经营决策、风险防控职能作用，推进中国特色现代企业制度建设取得新成效。

2.1.1   政策要求

一是国企改革总体要求规定了董事会规范建设的重点和方向。《中共中央国务院关于深化国有企业改革的指导意见》（中发〔2015〕22 号）作为国有企业改革的总体要求和纲领性文件，明确提出健全公司法人治理结构的重点是推进董事会建设，建立健全权责对等、运转协调、有效制衡的决策执行监督机制，充分发挥董事会的决策作用，加强董事会内部的制衡约束，实现规范的公司治理。

二是董事会职权落实全面有序推进。《中共中央国务院关于深化国有企业改革的指导意见》（中发〔2015〕22 号）提出要切实落实和维护董事会依法行使重大决策、选人用人、薪酬分配等权利，落实董事会职权。《中华人民共和国公司法》《中华人民共和国企业国有资产法》等从法律角度明确董事会的职权，《国务院国资委授权放权清单（2019 年版）》明确了授权放权给董事会的决策事项。

三是出台指导意见和工作方案推进重点事项落地实施。《国务院办公厅关于进一步完善国有企业法人治理结构的指导意见》（国办发〔2017〕36 号）从董事会的功能作用、组成结构、规范议事规则、加强董事队伍建设等方面，对加强董事会建设、落实董事会职权进行了强调。2019 年国资委印发《关于加强中央企业外部董事履职支撑服务的工作方案》，强化依托法人治理结构履行出资人职责，加强中央企业外部董事履职支撑服务，完善国资委与中央企业外部董事之间联动工作机制，促进外部董事履职尽责，有效贯彻出资人意图，推动董事会规范运作。董事会规范运作重点政策见表 2-1。

表 2-1   董事会规范运作重点政策

政策名称	相 关 要 求
《中共中央国务院关于深化国有企业改革的指导意见》（中发〔2015〕22 号）	（1）首次提出"国有独资、全资公司的董事会和监事会均应有职工代表，董事会外部董事应占多数，落实一人一票表决制度"。 （2）首次提出"建立健全权责对等、运转协调、有效制衡的决策执行监督机制"。 （3）首次提出"要切实落实和维护董事会依法行使重大决策、选人用人、薪酬分配等权利"

续表

政策名称	相 关 要 求
《国务院办公厅关于进一步完善国有企业法人治理结构的指导意见》（国办发〔2017〕36号）	（1）明确董事会职责。 （2）首次提出"推进中央企业党组（党委）专职副书记进入董事会"。 （3）首次提出"国有控股企业实行外部董事派出制度"，"国有控股企业应有一定比例的外部董事，由股东会选举或更换"。 （4）提出"董事会应当设立提名委员会、薪酬与考核委员会、审计委员会等专门委员会"。 （5）首次提出"国有独资公司要健全外部董事召集人制度，召集人由外部董事定期推选产生"。 （6）首次提出"国有独资、全资公司的董事会中须有职工董事"
《关于加强中央企业外部董事履职支撑服务的工作方案》	加强中央企业外部董事履职支撑服务，完善国资委与外部董事之间联动工作机制，重点做好健全政策指导机制、完善业务培训机制、发挥外部董事召集人作用、做好外部董事独立报告工作、强化国资委与中央企业外部董事日常沟通等5方面工作
《中华人民共和国公司法》	（1）明确了董事会行使的11项职权。 （2）明确提出"有限责任公司既可以设董事会，部分股东人数较少或者规模较小的有限责任公司也可以不设董事会，只设一名执行董事，执行董事可以兼任公司经理"
《中华人民共和国企业国有资产法》	明确了国家出资企业（国有资本控股公司、国有资本参股公司）在处理与公司资产相关重大事项时，应遵守法律、行政法规以及企业章程的规定，由公司股东会、股东大会或者董事会决定
《国务院国资委授权放权清单（2019年版）》	（1）明确提出，授权董事会审批企业五年发展战略和规划，向国资委报告结果。 （2）明确提出，授权董事会按照《中央企业投资监督管理办法》（国资委令第34号）要求批准年度投资计划，报国资委备案

2.1.2 改革进展

一是规范建设董事会范围逐渐扩大。2004年6月国资委发布《关于中央企业建立和完善国有独资公司董事会试点工作的通知》（国资发改革〔2004〕229号），标志着国有企业改革向前迈出了关键一步。2005 年国资委启动确定神华集团、宝钢集团等 7 家企业作为第一批规范董事会试点，国资委推动中央企业规范董事会建设持续深化。经过十多年的推进，中央企业层面建设规范董事会工作稳步推进，截至 2019 年 6 月，98 家中央企业有 96 家建立了规范董事会，83 家建设了外部董事占多数的董事会。

二是落实董事会职权试点范围不断扩展。2014 年国资委推动建设四项改革试点，在新兴际华集团有限公司（简称新兴际华）、中国节能环保集团有限公司（简称中国节能）、中国医药集团有限公司（简称国药集团）、中国建材集团有限公司（简称中国建材）开展董事会行使高级管理人员选聘、业绩考核和薪酬管理职权试点。2016 年在中国宝武、国投集团、中国广核集团有限公司（简称中广核）开展董事会职权试点；在国投集团、中国铁路通信信号股份有限公司等中央企业二级企业开展市场化选聘经营管理者和职业经理人制度试点。2019 年开展综合性试点，新增中国航空工业集团有限公司、国家电力投资集团有限公司（简称国家电投）、中国机械工业集团有限公司（简称国机集团）、中国铝业集团有限公司、中国远洋海运集团有限公司、中国通用技术（集团）控股有限责任公司、华润集团、中国建材、新兴际华、中广核、中国南光集团有限公司等 11 户国有资本投资、运营公司试点企业，同步开展落实董事会职权。按照深化改革总体要求和方向，切实落实和维护董事会依法行使重大决策、选人用人、薪酬分配等权利。

2.2　先进实践

经过十多年的改革探索，中央企业在建设规范董事会的道路上一直走在前列，积累了丰富的经验和做法。研究选取了招商局集团有限公司（简称招商局集团）、中国铁路工程集团有限公司（简称中国中铁）、中国保利集团有限公司

（简称保利集团）、中国大唐、华润集团、中国宝武、中国节能、中国诚通、三峡集团、国家能源投资集团有限责任公司（简称国家能源集团）、国药集团、国投集团等在完善公司法人治理方面探索出先进做法、取得显著成效的企业，总结典型企业在董事会功能定位与作用发挥、外部董事履职、董事会运行机制完善、所属子企业董事会建设与管理等方面的经验做法与启示。

2.2.1　充分发挥董事会作用

一是营造开放董事会文化。治理文化是推进董事会建设、发挥董事会作用的软基础。典型中央企业通过营造倡导开放、包容、和谐、规范的董事会文化，确保真正落实董事会及外部董事的决策议事作用。**招商局集团**坚持"以沟通促进信任、以透明促进规范、以协作促进效率、以学习促进专业"的文化理念，构建基于价值创造、包容开放、和谐信任的董事会治理文化，建立性别、年龄与专业经验多元化的董事队伍。**中国中铁**倡导规范、有效、科学、协调、和睦的董事会文化，明确"集体审议、独立表决、个人负责"的议题审议原则，推动形成董事会民主议事氛围。**保利集团**形成了信任沟通、团结协作、公开透明、求真务实的保利董事会文化，董事会定战略、促改革、控风险，董事会决策中心的地位和作用大大增强。

二是明确董事会建设目标。部分中央企业根据国资委建设规范董事会的有关要求，将董事会建设与企业发展相结合，明确董事会建设的目标。**中国大唐**提出"规范、高效、和谐"董事会建设三大目标有机统一、相互促进，从制度、组织、运作的规范出发，通过高效沟通、高效决策、高效执行，体现董事会制度、理念和关系的和谐。**华润集团**致力于打造价值创造型董事会，在董事会建立之初即确立了"建设符合全球企业形象的公司治理体系"的公司治理愿景，坚决落实"两个一以贯之"，逐步完善公司治理体系。

三是突出董事会战略引领、经营决策和风险防控作用。董事会是现代公司的决策机构。中央企业着重从"管战略、议大事、防风险"三方面定位董事会功能。**战略引领方面，招商局集团**通过制定企业战略管理规定，明确董事会、战略委员会的职责。明确指出董事会负责指导确定集团整体战略方向、调整战略理念；战略委员会负责提出战略方向、战略目标、战略措施等方面的方向性指导意见；集团总部（董事会办公室、战略发展部）为战略委员会提供信息收集、研究支持、日常联络等服务支持工作。**经营决策方面，中国宝武**建立外部董事异议缓决机制，董事会虽为票决制，对于实际运作中外部董事认为信息不充分或有异议的项目暂缓表决，待经理层完善方案、进一步充分论证后再次提交董事会审议，提倡全体董事一致通过。**风险防控方面，华润集团**建立健全以风险管理为导向、合规管理为重点的内控体系，完善董事会风控工作机制。董事会定期听取审计工作报告、风险管理报告，对重点工作提出意见，建立与外部审计机构的常态化沟通机制，充分发挥董事会审计与合规委员会的风险管理作用。

四是深化落实董事会职权试点，有效发挥决策引领作用。中国节能作为中央企业深化落实董事会职权试点单位，积极落实董事会中长期发展决策权、经理层业绩考核权、经理层薪酬管理权、职工工资分配管理权、重大财务事项管理权等职权，完善相关制度体系，印发《经理层成员契约化管理办法》《经理层成员业绩考核办法》《经理层成员薪酬管理办法》等5项管理制度，完成经理层成员任期制和契约化管理手续，5名经理层成员（集团公司总经理、总会计师、3名副总经理）与董事会签订《岗位聘任协议》，不断提升董事会行权履职能力，切实发挥董事会决策作用，激发企业发展内生动力。

2.2.2　加强外部董事履职

外部董事制度是中央企业规范董事会建设的关键性制度安排。典型企业在制度体系建设、创新体制机制、专门委员会运作等方面进行了有益探索。

一是构建董事会规范运作的制度体系，从顶层设计上确保外部董事履职行权。保利集团积极开展政策研究和制度建设，建立了董事会规范运作的"1＋

2＋N"制度体系，逐步搭建起董事会有效运行的"四梁八柱"，董事会制度体系建设不断完善优化，确保外部董事依法依规履职行权。"1"即《中国保利集团有限公司章程》，是保利集团的根本大法；"2"包括《董事会议事规则》和《总经理工作细则》，是董事会运行的总体纲领；"N"包括《董事会常务与战略委员会工作细则》《董事会秘书工作细则》《为外部董事提供信息管理暂行办法》等15项制度，支撑和保障董事会高效协调运行。各项制度相互衔接、相互联系、互为支撑，涉及总体规则、运行规则、反馈监督、考核评价等各方面，为外部董事履职行权提供了制度保障，形成了完整系统的董事会制度体系。

二是创新体制机制设计，促进外部董事深度参与。中国宝武建立经理层定期报告工作制度、外部董事定期信息报告制度、战略务虚常态沟通机制、复杂决策全程通报机制、议案会前反馈完善机制，确保了董事会充分发挥重大事项研究论证与决策作用；建立外部董事的专业意见充分表达、外部董事异议缓决机制、董事会决议事项跟踪督办机制，切实发挥外部董事的独立决策与监督指导作用。**保利集团**创新外部董事履职方式，成立了发展改革"领导小组、督导考核小组和工作小组"，推进发展改革任务落实。其中，督导考核小组成员全部由外部董事组成，可直接督导协调各项发展改革工作的具体落实情况，并跟踪评价工作成效，形成专项督导报告反馈给发展改革任务责任部门，由责任部门形成逐条整改措施并提交董事会审议，起到了"四两拨千斤"的作用。

三是加强专委会建设，充分发挥外部董事作用。专门委员会是充分发挥董事会作用的重要平台和支撑。**招商局集团**充分发挥战略委员会的作用，由专委会充分审议公司发展战略和中长期发展规划、公司重大战略合作方案后提交董事会审定。**中国诚通**专门委员会充分发挥作用，强调保护少数、保护不同，在决策资产经营、薪酬与考核、集团一体化管控、并购重组等重大事项时，注重发挥外部董事的专业特长。

2.2.3　完善董事会运行机制

一是加强信息披露机制。提高透明度和规范信息披露是国有企业的社会责任，也是规范国有企业公司治理的重要手段。**中国诚通**强调公司治理应该遵循3个原则，即结构制衡原则、运作透明原则和责任追究原则，公司内部建立通畅的信息披露渠道，确保董事日常要对公司有良好的了解和把握，使董事会、党委、经理层能够经常化沟通各层面工作信息，提高董事会工作的透明度。**三峡集团、国家能源集团**等中央企业虽未实现整体上市，但是均主动公开披露集团层面的年度报告、公司治理报告等信息，将信息披露作为公司治理的关键和重点。

二是不断完善沟通协调机制。沟通协调是保证内外部董事掌握信息一致、促进董事会高效和谐运作、保障董事会有限发挥作用的重要手段。**中国大唐**畅通沟通协调通道，建立对上沟通汇报、董事会与经理层之间的沟通、专题专项沟通、闭会期间沟通4项沟通机制。**中国宝武**建立经理层定期报告工作制度、外部董事定期信息报告制度、战略务虚常态沟通机制、复杂决策全程通报机制、议案会前反馈完善机制等顺畅信息沟通机制。**中石化**通过董事长与外部董事沟通座谈会、重大事项董事会提前沟通制度，加强与外部董事沟通协调，沟通公司发展战略、公司治理、经营管理等情况。

2.2.4　加强子公司董事会建设

目前中央企业董事会建设从集团层面向二级子企业延伸，以中国大唐、保利集团、中国兵器、国药集团、国投集团为代表，注重二级子企业董事会建设与运行规范性，实现与集团层面治理体系的有机衔接。

一是推进子企业董事会规范化运作。加强党的领导与规范公司治理有机结合，规范子公司董事会制度与组织体系，做实子公司董事会。在转换经营机制方面，大力推动规范董事会建设，中国兵器装备集团有限公司

（简称**中国兵装**）、**新兴际华**等企业的二级公司全部建立了外部董事占多数的董事会，并在落实董事会职权，经理层契约化管理方面开展了积极探索。**中国大唐**根据股权特点，分类推进上市公司、独资、控股子企业董事会建设与治理结构完善，结合领导班子建设，重新界定子企业党政职能，充分发挥党的领导优势。**国药集团**通过规范子公司董事会制度与组织体系、加强子公司董事会工作交流、评价子公司董事会运作情况，推进和指导子公司董事会规范化建设。

二是不断完善向子公司派出董事管理。**国投集团**制定《子公司董事管理暂行办法》《董事库建设方案》《股权董事工作指引》等制度，明确董事职责。选派子公司的党委书记、董事长、纪委书记和专职股权董事，打造符合改革需求、专业化的子公司董事队伍，履行出资人职责。**保利集团**按照从管企业到管资本转变的要求，新制定《子公司董事会及董事评价办法》《子公司非执行董事、监事管理规定》等制度，修订《子公司外部董事履职管理办法》。通过制度体系的构建，保利集团进一步理清党委会、董事会、经理层权责，形成了发展合力，为保利集团快速发展提供了坚强保障。**华润集团**建立以资本为纽带的治理机制，加强子公司（利润中心）董事会建设，出台《华润集团董事、监事管理办法》，支持董事积极行权履职，维护股东和公司合法权益。探索通过子公司（利润中心）董事会实施战略管控的有效途径，逐步建立与国有资本投资公司相适应的治理机制。

2.3　难点问题与深层原因

当前，国有企业尤其是中央企业在探索建设规范董事会的道路上积累了各自的经验与和做法，也面临一些共性问题。虽然多数国有企业已建立现代企业制度，但是从实践情况看，现代企业制度仍不完善，部分企业尚未形成有效的法人治理结构，仍然面临权责不清、约束不够、缺乏制衡，一些企业尤其是二级子企业董事会形同虚设，未能发挥应有作用等需要解决的难点问题。

2.3.1　董事会职权落实不够到位

一是董事会的作用有待进一步发挥。实践中，有的企业董事会只有形、没有神，不能充分发挥战略决策与风险防范作用，董事会作用发挥不够。需要进一步处理好企业党组（党委）发挥领导作用与董事会、经理层依法行使职权的关系，处理好落实董事会和经理层职权与国家对中央企业现行管理体制的关系，处理好党组（党委）、董事会、经理层等治理主体之间的协同关系，促进董事会真正发挥作用。

二是试点企业董事会职权力度不够。中发〔2015〕22号文提出要落实和维护董事会依法行使重大决策、选人用人、薪酬分配等权利，保障经理层经营自主权。从中央企业看，董事会对高级管理人员选聘、业绩考核、薪酬管理、工资总额备案制管理方面行使的权力较弱，受到现行国有企业领导干部管理、考核分配制度的制约，董事会真正发挥选人用人、薪酬分配等权利的空间较小。需要从国家层面完善干部管理、考核分配制度的顶层设计，为落实董事会职权创造制度环境与政策条件。

三是落实董事会职权试点企业范围有待扩大。从新一轮董事会试点企业选择来看，全部属于商业一类国企。随着建设世界一流企业试点工作的深入推进，世界一流企业需要提高活力、动力和竞争力以更好地参与全球竞争，需匹配与参与全球竞争相适应的治理体系和体制机制，董事会在重大决策、选人用人、薪酬分配等方面的作用有待进一步发挥，对10家建设世界一流企业试点企业需要落实董事会职权。

2.3.2　外部董事履职保障有待完善

一是外部董事履职保障有待完善。实践中，专委会地位与作用弱化，董事会制度不够健全，有的企业为外部董事提供的信息不够及时充分，外部董事履职保障有待加强。随着外部董事在董事会中发挥重要作用，外部董事的考核与激励、评价制度有待进一步完善，建立权责对等的考核与评价制度，完善容错机制。

二是外部董事队伍建设存在较大差距。有的企业外部董事队伍还不够强，高水平外部董事欠缺，大多数外部董事都是兼职，履责精力不够；外部董事激励约束机制不完善，部分外部董事感觉受重视程度不够，导致内生动力不足。目前中央企业普遍反映外部董事队伍有待完善，亟须充实专职外部董事力量，真正为企业战略决策、防控风险、提高竞争力、建设世界一流企业发挥作用。加快建设世界一流企业、实现国有企业改革发展，需要建设培养一支专业、精干、具有国际视野、参与国际竞争的外部董事队伍。

2.3.3　子公司董事会建设有待加强

一是党委会与董事会成员高度重合，董事会作用发挥受限。目前，中央企业二级及基层子企业的党委会、董事会和经理层的人员配置高度重合，仍存在同一事项、同一拨人、重复上会、重复审定的问题，决策"同质化"问题突出，需要进一步明晰治理主体的功能定位及决策流程。同时，相比党组（党委）会、董事长办公会，董事会决策事项偏少，党组会任务较重，董事会决策作用发挥受到一定限制。

二是缺乏高效的履职管理体系支撑。董事会与董事作用的发挥离不开强有力的履职服务。**在大部分中央企业层面**，针对子企业的外部董事派出制度有待完善，派出董事的作用有待发挥、来源有待丰富；机构设置与董监事管理有待加强，需要进一步健全二级单位董事会管理体系。**在子企业层面**，大部分国有独资子企业董事会以内部董事为主，尚未建立外部董事占多数的董事会，董事会尚未建立独立的工作机构，未建立董事会专业委员会。

2.4　完善举措

2.4.1　持续完善董事会运作机制

一是优化完善公司法人治理制度体系与组织体系。 制度体系方面，在现有制度文件的基础上，按照制定主体、效力层级或事项范围等标准规范性文件分层，增强董事会制度的体系性。优化完善现有董事会工作手册，将议案管理、信息沟通等工作机制通过制度固化。组织体系建设方面，建立董事会召集人制度，积极发挥外部董事作用；探索建立专门委员会秘书制，加强对专委会的支撑保障；探索成立公司治理部，归口统筹公司各治理主体协调运转、二级单位三会管理等事项。

二是完善董事会运行机制建设。完善沟通机制，充分发挥董秘董办的沟通桥梁作用。 加强董事长与外部董事的沟通，建立董事长与外部董事定期务虚沟通、重大事项亲自沟通机制。加强董事会与公司经理层沟通，优化完善经理层向董事会报告制度。充分发挥董秘、董办的沟通桥梁作用，建立完善外部董事履职服务工作定期座谈会、重大复杂决策全程通报、闭会期间个别沟通等机制。

三是加强子企业董事会规范建设。 健全二级单位董事会履职管理体系和董监事管理体系，促进二级单位董事会真正发挥作用，推进二级单位改革创新发展。健全归口管理体系，聚焦董事会功能发挥及董事会运行关键环节，建立由公司总部部门共同支撑的二级单位董事会管理体系。通过建立董监事库与董监事培训制度、加强专职董监事队伍管理、建立董事履职汇报制度，提升二级单位董监事管理服务能力，推动董监事充分发挥作用。

2.4.2　更大程度发挥董事会价值

未来，面临日益复杂的国内外环境和经济发展形势，国有企业要转变发展方式、发挥更大的价值作用，促进国民经济实现高质量发展。深化规范董事会建设，发挥好董事会战略引领、科学决策、风险防控的作用，促进董事会发挥价值，对于完善国有企业治理、推进国家治理体系和治理能力现代化具有重要意义。董事会要在价值发现和价值创造方面发挥更大作用。

一是做经济价值的发现者。董事会以价值创造为己任，要不断提高工作的针对性和科学性，凭借丰富的商业价值判断与投资融资决断能力，保证企业在价值链调整重组中突出主业，保持并不断增强企业核心竞争力，聚焦新技术、新产品、新产业和新的增长点，推进企业转型发展。董事会作为资本价值创造的发现者，要系统性地审视和评析企业核心竞争力和企业价值增长要素的有效关联，并通过敏锐的商业嗅觉捕获有利于企业快速发展的商业机会和时代机遇，不断提升企业核心价值创造能力与核心竞争力，搭建长效机制与保障平台。

二是做谋篇布局的策划者。董事会代表出资人对发展战略全面规划，是公司战略规划的核心机构，要回答好企业发展干什么、靠什么、怎么干等基本问题。研究确立清晰的企业发展愿景和使命，引导带领员工与企业同向同行。对于涉及"三重一大"等关键决策，既要与公司的战略规划相协调，以符合经济性与社会性等多重效益要求，更要实现对隐患及风险的有力预测与防控。突出抓好重大投资的计划、立项、实施和评价环节的流程管控，要在计划确定和项目立项环节发挥定向把关作用，决定公司资本、资源的战略布局。通过投资决策加强主营业务的产业链建设，决定主业与关联产业的资源配置和布局。

2.4.3　持续优化政策顶层设计

一是全面深化落实董事会职权。出资人层面牵头主导做好顶层设计，深化落实董事会职权，激发企业活力。具体可以落实董事会以下授权事项。企业可自主决定发展规划和年度投资计划，围绕主业开展的产业链延伸业务和商业模式创新业务，视同主业投资。在主业范围进行股权投资按年度向国资委进行事后备案。鼓励创新，对于战略新兴产业子企业，对特殊高端人才可实行市场化薪酬和专项奖励，工资总额单列，不纳入集团工资总额。实行工资预算备案制，自主编制年度工资预算。年度工资总额在增幅不高于利润增幅的范围内，由集团公司自主决策，事后备案。

二是出台国有企业下属分子公司董事会建设指导意见。明确二级单位在落实法人治理授权、董事会机构建设、"双向进入、交叉任职"领导体制、董监事管理等相关政策方面的方式方法。建议出台中央企业二级单位的董事会制度建设指导意见，明确国有企业全资、控股及参股子公司董事会及支撑机构人员构成的设置标准与工作要求，分层分类指导建设董事会，推动二级单位与母公司同步优化议事规则和决策程序，指导混合所有制企业开展规范董事会建设，确保国有企业公司治理依法合规。

3

完善国有资本授权经营体制

　　完善国有资本授权经营体制是建立中国特色现代企业制度的重要条件。党的十九大报告指出，要完善各类国有资产管理体制，改革国有资本授权经营体制。2019 年 4 月，按照党中央、国务院深化国企改革决策部署，国务院印发《改革国有资本授权经营体制方案》（国发〔2019〕9 号），明确提出到 2022 年要"基本建成与中国特色现代国有企业制度相适应的国有资本授权经营体制"。随后，习近平总书记再次强调："国有企业要加大授权放权，激发微观主体活力"。

　　我国国资监管体系长期存在政企不分、政资不分的问题，出资人代表机构与国家出资企业之间权责边界不够清晰，由此产生大量的企业代理成本，影响国有资本运营效率的进一步提升。授权经营就是国资监管机构将国有企业生产经营相关权利授给企业主体，依靠国有企业治理结构开展工作，国资监管机构以管资本为主履行好出资人职责，最大限度减少对国有企业生产经营直接干预的一种经营方式。完善国有资本授权经营体制是深化国有资产管理体制的重要举措，也是落实由管企业向管资本转变、依法确立国有企业市场主体地位的具体要求。完善国有资本授权经营体制有利于解决国有资产出资人缺位问题。一方面，通过授权可以有效分离国有资产出资人职能和政府的公共管理者职能，实现组织上的"政资分开"；另一方面，通过授权可以实现国有企业所有权与经营权的分离，明确国资监管机构的"出资人"定位，将"管理国有企业"的权力交还企业。

3.1　政策要求与改革进展

　　我国国有资本授权经营体制改革大致经历了 3 个阶段。第一阶段是"**集团化经营**"阶段（20 世纪 90 年代至 2003 年），主要特征是通过授权方式建立国有资产产权纽带，推动国有企业集团化经营；第二阶段是"**出资人监管**"阶段（2003 年至 2013 年），主要特征是设立国有资产监督管理机构对国有企业行使出资人权利，并实施出资人监管制度；2013 年党的十八届三中全会以来，授权经营体制改革进入以**"管资本"**为主要特征的新阶段，经过不断发展完善，形成了一整套顶层设计体系与制度实施体系，并在实践中不断发展与完善。授权经营体制改革主要政策文件见表 3-1。

表 3-1　　　　　　　授权经营体制改革主要政策文件

发布日期	文件名称	主要相关内容
2013 年 11 月	《中共中央关于全面深化改革若干重大问题的决定》	十八届三中全会明确提出，完善国有资产管理体制，以管资本为主加强国有资产监管，改革国有资本授权经营体制
2015 年 8 月	《中共中央国务院关于深化国有企业改革的指导意见》（中发〔2015〕22 号）	完善国有资产管理体制。以管资本为主推进国有资产监管机构职能转变；以管资本为主改革国有资本授权经营体制；以管资本为主推动国有资本合理流动优化配置；以管资本为主推进经营型国有资产集中统一监管
2015 年 11 月	《关于改革和完善国有资产管理体制的若干意见》（国发〔2015〕63 号）	明确了改革和完善国有资产管理体制三方面的改革举措，包括推进国有资产监管机构职能转变、改革国有资本授权经营体制、提高国有资本配置和运营效率
2017 年 4 月	《国务院国资委以管资本为主推进职能转变方案》（国办发〔2017〕38 号）	取消了 26 项监管事项，下放 9 项监管事项，授权 8 项监管事项
2018 年 3 月	《国务院国资委出资人监管权力和责任清单（试行）》	明确了 9 大类 36 项权责事项
2018 年 7 月	《国务院关于推进国有资本投资、运营公司改革试点的实施意见》（国发〔2018〕23 号）	就加快推进国有资本投资、运营公司改革试点工作作出部署，明确区分了国有资本投资、运营公司的功能定位，提出了直接授权与间接授权两种授权机制
2019 年 4 月	《国务院关于印发改革国有资本授权经营体制方案的通知》（国发〔2019〕9 号）	从确定权责边界、分类开展授权、加强企业行权能力建设、完善监督监管体系等多个方面明确了改革国有资本授权经营体制的主要举措
2019 年 6 月	《国务院国资委授权放权清单（2019 年版）》	明确 5 大类 35 项授权放权事项

3.1.1　授权力度不断加大

从政策演进来看，授权事项不断增多，授权力度不断加大。2017 年《国务院办公厅关于转发国务院国资委以管资本为主推进职能转变方案的通知》（国办发〔2017〕38 号）中的授权事项仅有 8 项，2019 年《国务院关于印发改革国有资本授权经营体制方案的通知》（国发〔2019〕9 号）对之前的各项政策进行了扩展与细化，在此基础上，《国务院国资委授权放权清单（2019 年版）》明确将 5 大类 35 项授权事项列入清单，授权范围涵盖了规划投资与主业管理权、产权管理、选人用人、企业负责人薪酬管理、工资总额管理与中长期激励、重大财务事项管理等。增大了企业的经营自主权，使国资委逐步归位于出资人地位。

3.1.2　授权经营模式逐步成熟

从授权经营模式来看，逐步形成了"国资监管部门－被授权主体－子企业/混合所有制企业"的三层授权经营架构。避免了国资监管部门对企业经营管理的直接干预，推动国资监管部门以"监"为主，两类公司/集团公司以"管"为主，企业本身经营为主，各归其位。授权经营模式的变化如图 3-1 所示。

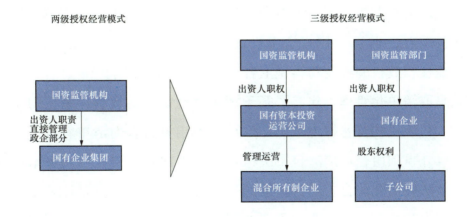

图 3-1　授权经营模式的变化

一是国有资本投资、运营公司试点不断推进。截至 2019 年底，中央企业国有资本运营公司试点企业已经扩大至 21 家，全国范围内在 150 余家地方国企开展了两类公司试点。国有资本投资运营公司既是国有资产监管机构与国有企业的纽带，又是二者之间的"隔离层"，对上接受政府和国资监管部门的指导和监督考评，对下科学有效地考核国有企业董事会成员业绩、监督财务核算等。

二是中央企业授权体系不断完善。随着出资人权责边界的不断清晰，中央企业授权体系也表现为"国资委－企业集团－子企业"三个层级。国资监管部门将部分出资人权利授予国有企业集团董事会行使，国有企业集团再对其二级子企业进一步进行授权，其授权内容主要是集团公司作为股东的各项权利。

3.1.3　授权经营管理方式不断科学

从授权经营管理方式看，更加注重科学性，确保授权经营体制能够精准实施。

一是强调分类授权，确保授权放权精准到位。授权经营体制改革始终坚持分类理念，《国务院国资委授权放权清单（2019 年版）》提出的授权放权事项根据各中央企业的功能定位、发展阶段、行业特点等实际，将授权事项分为 4 种类型，分别适用于各中央企业，各类综合改革试点企业（包含国有资本投资运营公司试点、创建世界一流示范企业、东北地区中央企业综合改革试点、落实董事会职权试点企业等），国有资本投资、运营公司试点企业及少数特定企业。各类企业在授权放权的程度与类型上各有侧重，各不相同。

二是采取清单化管理，建立了基于清单管理制度的权责体系。为了进一步厘清出资人代表机构监管权力范围，改革实施出资人权力清单管理制度。原则上，清单以外事项由企业依法自主决策，清单以内事项要大幅减少审批或事前备案。将依法应由企业自主经营决策的事项归位于企业，将延伸到子企业的管理事项原则上归位于一级企业，原则上不干预企业经理层和职能部门的管理工作。同时，将配合承担的公共管理职能归位于相关政府部门和单位。这对厘清出资人职责，有效规避政府对市场的直接干预，真正实现政企分开具有重要意义。

三是明确建立动态调整机制。国资监管机构将加强跟踪督导，定期评估授权放权的执行情况和实施效果，采取扩大、调整或收回等措施动态调整授权放权事项，确保授权管理制度层层落实。

3.2 先进实践

在改革政策的指导下，中央企业结合自身特点对授权管理体系与经营制度开展了实践与探索，并取得了显著成效，积累了大量经验。从实践来看，中央企业的授权管理实践经验主要有以下方面。

3.2.1 完善授权管理制度体系

一是在集团层面加强授权管理制度的顶层设计。国家电网率先在中央企业集团层面制定了完整的《国家电网有限公司授权管理办法（试行）》（简称《授权管理办法》），作为集团公司授权管理制度的"基本法"，《授权管理办法》重点构建以"三大制度"〔即授权清单制度、合法合规性审查（核）制度和定期报告制度〕为核心的公司授权管理体系，明确了授权行为与授权方式；明确了各部门的职责分工；规范了授权管理流程，明确了授权设立、变更、撤销与终止等事项，推动了授权管理规范化、体系化和制度化。

二是通过专门授权使公司决策层的权责界面清晰化。国家能源集团围绕《董事会授权管理办法》分层授权，规定了三会决策事项范围，并对投资、融资、担保、资产处置、捐赠、董事会履行对出资企业的股东权利等6类事项进行授权。中国兵装通过"三重一大"决策实施办法及清单、董事会授权管理办法，细化管理事项清单界定权限；中国兵器通过印发《中国兵器工业集团公司分级分责决策事项及权责界限》，明确了董事会、董事会军工委员会、董事长、总经理、分管领导的决策事项和权责界限，形成了责任层层落实、压力层层传递、权利层层授权的授权管理体系。

3.2.2 建立分层分类的授权经营体系

一是根据二级公司业务特点与发展规划实施分类授权。国投集团按照"一企一策、试点先行"的原则，选取外部条件、公司治理、人才队伍建设和企业竞争力4个维度的14个指标，对所有二级子公司进行了全方位的测评，将子公司划分为充分授权、部分授权、优化管理3类，授予选人用人权、自主经营权、薪酬分配权等70多个事项权利。中国联合网络通信集团有限公司（简称中国联通）将基础业务和创新业务进行区隔，对基础业务在完善责权利对等机制的基础上积极授权推进资源下沉，对创新业务通过设立子公司、业务单元等不同形式推进市场化进程。

二是根据管控机制实施与之相适应的分层分级授权。中粮集团有限公司（简称中粮集团）打造了"集团总部层－专业化平台层－业务运营层"的三级管控架构，在此基础上构建了"国资委－集团－专业公司－生产单位"分层分级授权体系。**第一层是国资委对中粮集团的授权。**国资委对中粮集团授予了包括资产处置权、战略决策权、薪酬分配权和市场化用人权在内的4类18项权利，使得中粮集团总部既有权行使国有资本投资人权利，也可以对下属业务平台进行授权经营并进行监督。**第二层是中粮集团对业务平台的授权。**中粮集团总部向业务平台下放的是资产经营调度权，具体包括市场化用人权、资产配置权、生产研发创新权、考核评价权与薪酬分配权五大核心权利。**第三层是对生产单位执行层的授权。**授予生产单位执行层生产的执行权。中粮集团通过分层分级授权使业务平台成为资产运营实体核心，实现了从"管资产"向"管资本"的管控模式转变，同时也明确了集团公司各级企业的管理责任，理顺了各级公司、部门间的工作关系，实现了对集团下属企业、业务的有效管理。

3.2.3 清晰划分集团公司与子公司权责范围

中国中化集团有限公司（简称中化集团）按照战略管控型总部定位，本着"小总部、大业务"的原则，将总部打造成一个"改革体制、创造环境，提供战略方向，协同财务、融资等大环境的、框架性的、伞型的组织"，聚焦战略预算管理、财务资金政策、重要人事任免、绩效考核评价、审计合规管理、党建纪检监察及资源协同共享等核心职能。总部之下设置五大事业部，除总部保留的权限外，充分赋予事业部战略建议、运营决策、选人用人、考评激励以及授权范围内主业投资决策等权限，积极稳妥向下授权。**国投集团**将总部定位战略决策中心、投资决策中心、重大投资及资产管理中心、资本经营中心、财务管理中心和人力资源配置中心，建立了"小总部、大产业"的组织架构。通过授权体系清晰划分总部与子公司的权责范围。集团总部主要通过公司治理机制对所出资企业履行出资人职责，行使股东权利，全面落实国有资本经营责任。下属二三级子公司通过授权拥有更强的决策能力。

3.2.4 推动风险管控体系与授权经营体系相适应

在授权过程中建立风险控制体系，实现对公司各级授权的有效监督，从而为企业持续稳定发展提供有力保障。**中粮集团**建立了自上而下的、涵盖总部和业务平台的财务监督、审计风控、纪检督察、董事派驻4条监督管控线，保证权利稳妥下放的同时，实现对授权的有效监督。**国投集团**构建了法律监督、财务监督、审计监督、纪检监察监督相互配合、具有投资控股公司特点的大监督体系，强化对监督工作的协调力度。**中国国新控股有限责任公司（简称中国国新）**不断强化风险防控能力，推动板块公司、功能公司建立首席风险官制度，探索构建既满足总部整体管控需要，又契合所出资企业实际的全面风险管理体系。

3.3 难点问题与深层原因

随着授权管理体系与经营制度建设的不断深入，实践中也出现了一些共性问题，影响授权管理体系的落地实效。

3.3.1 部分集团公司对授权事项与尺度把握不准

部分集团公司在"该不该放""能不能放"和"放到什么程度"等问题上缺乏清晰的判断，导致将部分本应由集团总部行使的权利授权给子公司，存在"过度授权"的问题。主要原因是：一方面，部分集团公司战略规划能力有所欠缺，对公司总部定位和子公司业务定位认识不清，导致"不该放的放了"；另一方面，部分集团公司对总部和下属公司的治理实际状况缺乏充分的了解，缺乏对子公司治理结构、组织职能、基础制度建设、风险内控能力的综合评价，导致授权尺度与实际状况存在偏差。

3.3.2 部分集团公司对子公司的授权不足

实践中，部分集团公司层面存在权利堆积，不能实现权利有效下放的问题。《国务院国资委授权放权清单（2019 年版）》要求集团公司要对所属企业同步开展授权放权，做到层层"松绑"，全面激发各层级企业活力。但长期以来，集团公司总部往往存在管理过多、过细和越位的现象，部分总部权限过大、审批流程过长等问题仍然存在，总部担心放权之后所属企业会出现投资无效、滥用职权等问题，因此不愿下放权利，导致国资委授权在总部层面长期堆积，无法有效落实到位。

3.3.3 部分子公司行权能力有待提升

部分子公司治理能力不足，无法有效行使集团授予的权利。实践中，有些权利虽然在形式上已经授予了子公司董事会，但实际上子公司董事会并不能顺畅地行使权利。还有部分子公司不愿意自主决策、自主担责，遇到相关决策问题仍然继续向集团公司上报，怠于行使决策权利，导致授权制度目的落空。这是因为国有企业长期以来实行集约化管控，集团公司对子公司董事会决策事项往往进行严格的审批与管控，导致子公司市场主体地位弱化，董事会长期虚置，董事能力不足，公司治理体系难以真正发挥作用。

3.3.4　授权与被授权者职责模糊影响被授权者行权积极性

实践中，部分被授权的主体不敢接受，或者不敢全部接受授权。主要体现在政府及国资监管机构对集团公司授权以及公司董事会对总经理授权等方面。主要原因是因为授权者与被授权者有时存在职权界定不清，授权者有时会出现越权行为，导致权责出现不匹配的问题。例如，在国有企业中董事长与总经理虽然在职权上有差异，但董事长却可以对总经理的经营决策权进行全面干预，这会导致决策出现失误时责任划分不清晰，影响总经理行使权利的积极性。此外，**授权风险管控机制仍有待加强，监督问责机制仍有待于健全**。部分企业受制于集团监督力量相对薄弱，审计职能不完善，人员经验比较欠缺，尚未建立与授权相适应的风险监督格局，对授权的监督效果仍有待提升。

3.4　完善举措

3.4.1　完善以章程为核心的授权经营制度体系

一是发挥章程在各层级授权管理中的基础性作用，在章程中体现出资人、董事会、经理层的授权管理内容以及行权方式，确保在公司治理框架下开展授权管理。**二是**根据中央有关改革要求，依法完善规范董事会会议、董事长办公会议、各专门委员会职责及实现方式，将授权内容、授权方式、授权权限、行权程序在各主体之间进行明确。**三是**根据业务条线编制授权清单，厘清各主体之间的权责边界，实现授权体系与公司管控体系的有效衔接，指导被授权人履行职责。

3.4.2 明确集团公司战略决策的职能定位

一是持续推动总部"去机关化"改革，明确集团总部的战略管控中心、投资决策中心、内控监督中心、绩效评价中心、党的建设中心地位，打造高水平战略管控型总部，厘清总部权责边界。**二是**优化管控模式，按照财务管控、战略管控、运营管控的管理理念，针对不同业务类型、不同发展阶段、不同管理能力的子公司，采用差异化的管控模式激发子公司活力。

3.4.3 提升子公司董事会的行权能力

一是完善子公司法人治理结构，在子公司层面建立完善的董事会、经理层议事规则，明确各决策主体的权利和义务。通过完善的议事规则、运作机制和委托代理关系设计，保证被授权企业内部决策机制的完善性。**二是**完善集团公司向子公司派出董事机制建设，依托派出董事专业优势和管理经验，真正发挥外部董事在子公司的重要作用，防范内部人控制风险，做好公司与下属企业授权实现的纽带。**三是**健全子公司董监事分类考核体系与责任追究制度，做到权责利相统一，督促子公司董事会积极行使权利。

3.4.4 建立授权动态优化调整机制

一是将授权管理作为深化放管服改革的重要抓手，激发基层活力和创造力，按照协调统一、统筹推进的原则，根据权利的来源，明确授权放权事项，做到权责对等、放管结合。**二是**结合放管服改革要求梳理授权放权事项，建立授权清单。定期评估授权放权的执行情况和实施效果，采取扩大、调整或上收等措施动态调整授权放权事项。

3.4.5　建立授权与风控相结合的内部监督体系

持续加强风控体系建设，在企业运营中发挥防范和控制作用，实现对公司各级授权的有效监督。**一是**将授权管理制度与风险管控标准相融合，建立基于内控流程关键控制点的授权体系；**二是**建立涵盖公司总部和下属企业在内的授权监督体系，通过法律监督、党内监督、财务监督和审计监督相互配合协同，实现对授权的有效监督。

深化混合所有制改革篇

混合所有制改革是通过国有及国有控股企业引入集体资本、非公资本、外资等各类资本，实现企业产权层面的多元化、制衡化，并进一步健全完善企业内部治理和运行机制，使企业成为真正的市场主体不断增强活力和竞争力。

混合所有制改革已经成为新时代深化国资国企改革的重要突破口，中共十九大报告提出了新时代背景下国资国企改革新的历史定位，明确指出要"深化国有企业改革，发展混合所有制经济，培育具有全球竞争力的世界一流企业"。尤其是，《中央企业混合所有制改革操作指引》（国资产权〔2019〕653号）进一步规范了央企混改的操作流程，对加快推进混改、提升混改效率提出明确要求。近年来，国家发展改革委推动的四批混合所有制改革试点，重点聚焦于电力、石油、天然气、铁路、民航、电信、军工等领域，加快推动以"混"促"改"，培育了一批混改示范企业，对持续深化混改起到了积极推动作用，但是仍存在混改范围不大、深度不够、层级不高等问题，没能有效激发企业的内生动力和经营活力。

本篇针对上述问题重点开展三方面研究，主要通过研究重点领域混合所有制改革、集团层面股权多元化和混合所有制改革、混合所有制改革企业机制转变等政策要求、改革动态、特点和趋势，从扩大混改范围、提高混改层级、增强混改深度提出针对性建议，进一步推动国有企业混合所有制改革升级、提质、增效。

4

重点领域混合所有制改革

国家发展改革委将电力、石油、天然气、铁路、民航、电信、军工等作为混合所有制改革的重点领域。重点领域混改之所以备受关注，主要因为推动重点领域混改不仅有助于破解混改中的重点难点问题，还能通过培育混改尖兵持续发挥引领示范作用，促进国企以更大力度、更大范围推动混改。在重点领域中，石油、天然气两大领域集中在中石化、中国石油天然气集团有限公司（简称中石油）、中国海洋石油集团有限公司（简称中海油）、中化集团四家央企，因此将石油、天然气合并为一类进行研究。军工资产较为特殊，本研究对军工领域混改不做专门分析。

4.1 政策要求与改革进展

4.1.1 政策要求

市场准入上，要求更大范围放开能源行业限制，加大引入社会资本的力度。《中共中央国务院关于营造更好发展环境支持民营企业改革发展的意见》（2019 年 12 月 4 日）要求在电力、电信、铁路、石油、天然气等重点行业和领域研究制定民营企业市场准入具体路径和办法，明确路线图和时间表。支持民营企业开展发电、配电、售电业务，进入油气勘探开发、炼化和销售领域，参与原油进口、成品油出口。《中共中央国务院关于新时代加快完善社会主义市场经济体制的意见》（2020 年 5 月 11 日）要求完善支持非公有制经济进入电力、油气等领域的实施细则和具体办法，向社会资本释放更大发展空间。

业务对象上，更加强调突出主业，放开垄断行业的竞争性业务环节。2017年政府工作报告提出，要抓好电力和石油天然气体制改革，开放竞争性业务。2019 年政府工作报告进一步要求将自然垄断行业的竞争性业务全面推向市场。2020 年政府工作报告提出，要在改革中聚焦主责主业。《中共中央国务院关于新时代加快完善社会主义市场经济体制的意见》提出，要加快实现自然垄断行业竞争性环节市场化，防止市场垄断。

4.1.2 改革进展

国家发展改革委根据中央经济工作会议精神，按照完善治理、强化激励、突出主业、提高效率的要求，以开放竞争性业务、破除行政垄断、打破市场垄断为主要任务，**先后推动的四批混合所有制改革试点，推动混改迈出实质性步伐**。明确将东方航空集团有限公司（简称东航集团）、中国联通、中国南方电网有限责任公司（简称南方电网）、哈尔滨电气集团有限公司、中国核工业建设集团有限公司、中国船舶工业集团有限公司等 6 家中央企业列入第一批混改试点。国家发展改革委会同相关部门启动第二批 10 家混合所有制改革试点工作，其中包括 9 家中央企业、1 家地方国有企业（即浙江省属国有企业试点及杭温铁路 PPP 示范项目）。国务院国企改革领导小组审议通过第三批混改试点名单，将 31 家国有企业纳入试点范围，既有中央企业，也有地方国企，试点企业将在国家发展改革委的指导下制定混改实施方案。国务院国有企业改革领导小组召开第二次会议，审议通过了国有企业混合所有制改革第四批 160 家试点企业名单。第四批试点不局限于电力、石油、天然气、铁路、民航、电信、军工等重要领域的国有企业，也包括具有较强示范意义的其他领域国有企业和国有控股企业。

4.2 混改动态与趋势特点

4.2.1 混改动态

（一）石油、天然气领域混改动态

石油、天然气领域混改起步较早，通过资产重组、出资新设等方式，推动核心业务板块混改。石油、天然气领域混改动态详见表 4-1。

表4-1   石油、天然气领域混改动态

混改对象	混改时间	混改动态进展
中海油安技服	2016年8月	中海油安全技术服务有限公司（简称中海油安技服）引入外部投资者深圳第一创业创新资本管理有限公司。混改后，中海油能源发展股份有限公司持股90%，深圳第一创业创新资本管理有限公司持股10%
中油工程	2017年2月	中国石油集团工程有限公司（简称中油工程）以重大资产重组方式，通过具备实际控制权的上市公司新疆独山子天利高新技术股份有限公司发行股份及支付现金购买资产，将工程建设业务主要资产注入天利高新，实现工程建设业务的上市
中石化易捷	2017年6月	中石化易捷销售公司与宝利德控股集团成立汽服合资公司，共同推进汽车后市场业务开发。双方合力打造加油站"易捷•澳托猫"汽服品牌，涵盖洗车、汽车美容、养护、汽车金融、新车销售、汽车租赁、汽车保险、二手车置换等全品类、全业务链汽服业务，完善加油站服务功能
中油资本	2017年9月	济柴发布重组预案，公司拟通过重大资产置换，并以发行股份及支付现金购买公司实际控制人中石油集团持有的中国石油集团资本有限责任公司100%股权同时募集配套资金
海油发展	2019年6月	中海油旗下中海油能源发展股份有限公司成功登陆上交所主板（股票简称为"海油发展"），标志着中国海油专业服务板块全部实现上市

（二）电力领域混改动态

电力领域央企混改范围较广、项目较多，引资规模较大，主要依托上市平台开展混改。电力领域混改动态详见表4-2。

表4-2   电力领域混改动态

混改对象	混改时间	混改动态进展
三峡资本	2017年6月	国新国同、云能金控、长江电力各出资27亿元，融资方三峡资本公司募集资金81亿元。增资扩股后，中国三峡集团持有三峡资本公司70%股份，国新国同、云能金控及长江电力将各持有三峡资本公司10%的股份

续表

混改对象	混改时间	混改动态进展
三峡新能源	2017 年 9 月	确定都城伟业集团有限公司、中国水利水电建设工程、三峡资本、四川川投能、浙能资本、珠海融朗、金石新能源、湖北长江招银成长股权投资合伙企业共 8 家企业为投资方，募集资金总额 117.4628 亿元，相对于评估值，溢价逾 10 亿元，入资后 8 家企业合计持股 30%
华能水电	2017 年 12 月	发行不超过 18 亿股 A 股股票，预计募集资金使用额为 37.8 亿元，占公司发行后总股本的比例不低于 10%，该笔资金将投资于云南省的苗尾水电站、乌弄龙水电站和里底水电站项目
中广核电力	2018 年 2 月	在符合上市地最低发行比例等监管规定的前提下，A 股发行数量不超过约 50.5 亿股，即不超过公司发行后总股本的 10%，采取全部发行新股的方式
南网能源	2019 年 8 月	南方电网综合能源有限公司（简称南网能源）引入特大型骨干央企中国南方航空集团有限公司（简称南航集团）、国家电网、三峡集团等投资平台，领先地方国企广东省广业集团投资平台以及优秀能源领域民企智光电气、特变电工等。注册资本金由 2 亿元提高到 3.03 亿元，南方电网持股比例由 76.5% 降至 50.49%
国家电网有限公司部分控股公司	2019 年 11 月	主要积极推进白鹤滩—浙江±800kV 特高压直流工程项目、国网新疆综合能源服务公司、国网新源控股有限公司—山西浑源抽水蓄能电站项目、平高集团智能电力公司、广州平高高压开关维修公司、国网电动汽车公司、国网思极公司、国网通航公司、英大泰和财产保险公司、英大泰和人寿保险公司、国中康健集团、国能生物发电集团等混改项目
国家电投黄河公司	2019 年 12 月	国家电投与和中国人寿保险（集团）公司（简称中国人寿）、工银投资、农银投资、国新建信、央企扶贫基金、浙能集团、云能资本、金石投资 8 家战略投资者签约，共募资 242 亿元，共释放 35% 股权。其中，中国人寿、工商银行、农业银行、国新建信持股比例分别为 13%、8.67%、5% 和 2.5%

（三）电信领域混改动态

推动垄断性业务环节混改是电信领域混改的特点。电信领域混改动态见表4-3。中国联通混改成为国有企业混改样板，对社会产生积极广泛的影响。

表4-3　　　　　　　　电信领域混改动态

混改对象	混改时间	混改动态进展
中国联通	2016年8月	中国联通以非公开发行和老股转让方式引入中国人寿、结构调整基金、深圳市腾讯信达有限合伙企业等投资者，联通集团持股降至37.77%
中国铁塔	2018年8月	中国铁塔股份有限公司（简称中国铁塔）成功在香港主板上市，融资74.9亿美元，获得国际资本市场充分认可
中国电信翼支付	2018年9月	中国电信翼支付通过引入前海母基金、中信建投、东兴证券和中广核资本等4家战略投资人，融资9.45亿元，混合所有制改革迈出关键一步
智网科技	2019年4月	北京智网科技股份有限公司（简称智网科技）引入9家战略投资者，中国联通在智网科技中的股份占比将由100%稀释到68.88%。这9家战略投资者都是与智网科技具有较强战略协同效应的顶尖企业，包括一汽股权投资公司、苏州思必驰信息科技公司/上海南虹桥股权投资有限公司等这样的资本或资源类企业
云南联通	2019年7月	中国联通云南省分公司（简称云南联通）在下辖的亏损严重的州市分公司引入北京中电兴发科技有限公司、江苏亨通光电股份有限公司、华通誉球通信产业集团股份有限公司、贵州志天成通信建设工程有限公司民营投资方，与当地原联通核心员工共同出资，成立运营公司，民营投资方控股51%，原联通员工入股15%～30%，并预留20%左右的股权用于引进人才及员工激励

（四）民航领域混改动态

民航领域混改力度较大，通过核心业务上市平台引入非公战略投资者。民航领域混改动态见表4-4。东方航空物流有限公司（简称东航物流）成为混改标杆企业，产生了较大的社会影响力。

表 4 - 4　　　　　　　　　　　民航领域混改动态

混改对象	混改时间	混改动态进展
东航物流	2017 年 6 月	东航物流引入联想控股、普洛斯、德邦、绿地等战略投资者，其分别持有东航物流 25%、10%、5%、5%的股份，东航物流核心员工占有 10%的股份，其余 45%的股份则由东航集团所持有。东航物流在既有航空物流货运产业基础上，整合民营资本的第三方物流、物流地产、跨境电商以及传统快递产业的落地配套功能，着力探索引领全球航空物流的转型发展路径
南航集团	2018 年 9 月	南航集团非公开发行的募集资金总额为 95.00 亿元，发行对象为春秋航空及中国南方航空集团、中国航空油料集团等 7 家企业，各企业的认购金额分别为 8.46 亿、29.45 亿、30.00 亿、7.30 亿、14.60 亿、4.10 亿、10.90 亿元。本次非公开发行完成后，南方航空第一大股东南方航空集团 A 股持股比例从 57.52%下降为 52.65%
东航集团	2019 年 9 月	东航集团向吉祥航空、均瑶集团、上海吉道航、结构调整基金合计发行 13.94 亿股 A 股股票，共计募集资金 74.59 亿元；吉祥航空也同步向东航集团旗下的东航产投发行 1.69 亿股 A 股股票，募集资金 21.09 亿元。双方此次股权合作涉及多个交易主体，覆盖 A 股和 H 股，整体交易规模合计超过 130 亿元，成为中国民航业内迄今为止规模最大的一笔股权交易

（五）铁路领域混改动态

铁路行业产业链较长，参与混改的企业较多。中国国家铁路集团有限公司（简称国铁集团）改制后加快推进混改，以运输类企业、技术支撑企业、服务类企业为序，分类推进混改。铁路领域混改动态详见表 4 - 5。国铁集团采取优质路网资产先上市，再以上市公司为载体，借助资本运作手段，"以点带面"推动铁路资产证券化，京沪高铁成为混改明星项目。

表 4 - 5　　　　　　　　　　　铁路领域混改动态

混改对象	混改时间	混改动态进展
中铁顺丰	2018 年 8 月	组建中铁顺丰国际快运有限公司（简称中铁快运，占股 55%），打造具有仓储、装卸、包装、搬运、加工、配送等多种服务功能的综合物流中心

续表

混改对象	混改时间	混改动态进展
中铁特货	2019 年 2 月	中铁特货以股权转让方式引入东风汽车、北京汽车等 6 家企业，成交金额 23.65 亿元人民币，当前正在积极推动上市
京沪高铁公司	2020 年 1 月	京沪高铁上市后，将加快对存量资产的并购重组。京沪高铁所募集的资金在扣除发行费用后拟全部用于收购京福安徽公司 65.0759％股权，运营合蚌高铁、合福铁路安徽段等高铁，进一步发挥对其他高铁线路的带动作用
国铁吉讯	2018 年 6 月	国铁集团与深圳市腾讯计算机系统有限公司（简称腾讯）、吉利控股合资组建国铁吉讯科技有限公司，共同建设经营动车组 WiFi 平台，拓展铁路增值服务
铁科轨道	2019 年 11 月	铁科轨道公司科创板 IPO 获受理。2020 年将继续推动金鹰重工、铁科轨道公司等企业股改上市

4.2.2 混改趋势

（一）混改领域

以放开垄断性行业的竞争性业务领域为主开展混改。除了中国联通、云南联通的混改面向垄断业务环节，其他企业主要涉及增量配电、轨道交通设备、航空客运等竞争性业务领域，通过混改可以促进重点领域企业引入多元资本、赋能企业、盘活国有资产。

（二）混改对象

业务独立、增长潜力好的企业是重点领域推动混改的首选对象。混改企业（央企子公司）通常具有业务相对独立、资源禀赋较好的特点，在商业模式创新、业务规模增长等方面具有较大潜力。重点领域国企选择这类企业开展混改，可通过整合内外部资源、优化治理和运营机制促进企业高质量发展，有利于真正地出创新、出成效。

（三）业务地位

主要在央企集团的主业板块推进。以石油、天然气、电力等 3 大领域能源企业为例，根据可搜集到的已披露信息，2015 年 8 月至今，共累计 23 家能源央企推进主业混改，16 家实施非主业混改。尤其是 2017 年后，央企开始大规模增强主业混改力度，2017 年至 2019 年累计新增 20 家企业。主要原因是国家发展改革委从 2016 年启动重要领域混改试点工作，为处于石油天然气、电力、军工等领域的能源央企实施混改提供了政策机遇，推动了企业选择主业作为混改对象。因混改工作需实现"完善治理、强化激励、突出主业、提高效率"的目标，针对业务体量大、规模占比高的主业板块开展混改，有利于解决长期形成的经营管理机制落后、市场化意识能力不足等问题，提升企业核心竞争力。

（四）混改层级

大多数央企在二三级子公司开展混改。以石油、天然气、电力等三大领域能源企业为例，2015 年 8 月至 2020 年 6 月，实施混改的集团、二级央企、三级央企、四级央企累计分别有 1、11、22、5 家，二、三级企业的比重逐年提升，依次为 50％、80％、78％、93％。混改企业管理层级从主要集中于三、四级转变到二、三级，主要原因包括：一是部分企业选择按业务板块分类实施混改，直接推动混改层级提升至二级单位层面；二是在二、三级企业层面混改，更能"自上而下"一体化、更大范围突破体制机制束缚，激发企业活力；三是部分企业以上市公司为主要载体实施混改，而上市公司多处于二、三级层面。

（五）企业性质

高新技术企业混改数量逐步增多。以石油、天然气、电力等 3 大领域能源企业为例，2015 年 8 月至 2020 年 6 月，实施混改的非高新技术企业累计 30 家，显著多于高新技术企业 9 家。但高新技术企业新增数量逐年递增，主要原因不仅在于高新技术企业的政策支持较多，也在于高新技术企业科技创新成果多、业绩提升空间大，更受非公资本的青睐。

（六）引资方式

以增资扩股模式为主、以股权转让为辅。从已披露的纳入国家发展改革委混改试点的 11 家重点领域试点企业中，9 家企业采取了增资扩股模式（其中 2

家涉及资产重组），2家企业采取合资新设子公司模式。2015年8月至2020年6月，23组能源央企引入战略性投资者案例中，有11家企业采用增资扩股方式，12家企业以出资新设子公司方式引入战略性投资者。能源企业并未采用股权转让方式以及发行证券、股份转让、并购重组等资本运作方式引入战略性投资者。上述模式仅引入少量外部投资者，风险相对较小，符合"积极稳妥"推进混改的改革要求。

（七）股权比例

大多数央企集团的国有股权稀释到33.4%～66.6%之间，但仍保持相对控股。从披露相关信息的12家重点领域混改试点企业中，有10家企业引入战略性投资者，实现资源互补，有3家引入财务投资者、补充运营资金、助力转型发展，从国有独资改为国有绝对控股、从国有绝对控股改为国有相对控股。根据对2015年至今的能源央企混改分析发现，混改后企业国有股权比例均不低于50%。其中，在已披露股权信息的22家企业中，除4家合资企业外，国有资本占比均高于50%。大部分企业综合引入母公司、央企集团内其他国资、央企集团外国资3类国资，且引战后央企集团内国资占比均超过34%，仍处于相对控股地位。主要原因：一是原有大股东保留对企业的控制权，避免国有资产流失，使得熟悉企业实际的相关方能够继续主持经营管理工作，有效规避风险；二是非国有资本相较于混改企业，资金体量过小，存在入股的资金门槛，或者难以获取较多股权和发言权，影响参股的积极性和持股比例。

（八）混改路径

依托资本市场开展混改渐成趋势。从2015年8月至今的能源央企混改企业来看，采用首发上市、并购、股权激励等方式完成混改的案例占比较大。统计结果显示，能源企业探索采用引入战略投资者（22例）、资产重组（10例）、首发上市（4例）、并购（1例）、股权激励（2例）等5种方式实施混改，其中引入战略投资者、资产重组（资产重组多是在上市公司或间接上市）两种方式分别占比56.4%、25.6%，两者合计占比达82%。其中有10家企业选择资产重组全部借助上市公司完成，主要方式是通过发行股份、支付现金、资产置换等方式，将主要资产注入上市公司，实现核心业务上市或整体上市。

4.3　未来展望

4.3.1　更大范围放开对非公资本的准入

　　重点领域混改企业要按照《中共中央国务院关于营造更好发展环境支持民营企业改革发展的意见》（2019 年 12 月 4 日）、《中共中央国务院关于构建更加完善的要素市场化配置体制机制的意见》（2020 年 3 月 30 日）、《中共中央国务院关于新时代加快完善社会主义市场经济体制的意见》（2020 年 5 月 11 日）政策文件要求，广泛吸引民资参与混改，发挥国有资本的引领和带动作用。进一步清理废除妨碍公平竞争的各种规定和做法，研究制定非公资本市场准入具体路径和办法，进一步优化引资环境，持续吸引非公战略投资者。

4.3.2　持续推出具有较大社会影响力的项目

　　重点领域央企混改范围大、项目数量多。要积极**培育更多混改尖兵，发挥积极示范作用**。中化能源引入 5 家战略投资方，总投资额达 115.55 亿元，是迄今为止"双百企业"引入战略性投资者规模最大的项目。三峡新能源引入 8 家战略性投资者，募集资金总额 117.46 亿元，是当时新能源企业规模最大的股权融资项目。国家电投青海黄河公司引入 8 家战略性投资者，募集资金 242 亿元，是 2019 年度国内央企第一大混改项目，也是目前能源电力领域最大的股权融资项目。以上引资额均超过百亿，发挥了行业带动作用，进一步放大了国有资本功能，对资本市场产生了较大影响。可借鉴重点领域混改经验，加快经验复制推广，推动其他行业领域加快混改。

4.3.3　充分利用资本市场开展混改

"混资本"环节要在产权市场、股票市场等平台公开、公平、公正进行，提升改革透明度和市场化程度。《中央企业混合所有制改革操作指引》（国资产权〔2019〕653号）等政策支持央企所属各级子企业通过产权转让、增资扩股、首发上市（IPO）、上市公司资产重组等方式，引入非公有资本、集体资本实施混改。以竞争性业务领域为主，充分抓住科创板制度创新、创业板改革并试点注册制、新三板改革等资本市场重大改革机遇，因企制宜推动企业在主板、科创板、创业板、新三板上市。

4.3.4　加快转变企业管理机制转变

重点领域企业进一步提升混改深度，完善市场化管理机制。借助产权市场、证券市场完成了"混"的任务，但是在完善公司治理、转变管理机制等"改"的方面，总体进展缓慢，以"混"促"改"效果还未显现。公司治理方面，大部分企业在混改后均建立了"三会一层"，持续完善治理结构，但在推动科学决策、规范行权等治理机制上进展缓慢。管理机制方面，大部分企业仍处在启动或加快三项制度改革、职业经理人制度、激励机制改革阶段，机制改革仍未实现关键性突破。2020年政府工作报告要求健全市场化经营机制，建议重点领域混改企业抓住公司治理、选人用人、激励机制3个重点环节，以董事会治理、任期制和契约化管理、中长期激励为重点，持续提升混改深度，推动完善现代企业制度、转换经营机制、提高经营效率、激发经营活力动力，不断提升混改质效。

5

集团层面股权多元化和混合所有制改革

5.1　改革进展

近年来，国有企业混合所有制改革主要集中在央企和国企的二三级子公司层面，改革成效显著，积累了丰富的改革经验。但是，集团层面混合所有制改革进程相对比较缓慢。与子公司层面改革相比，集团层面混合所有制改革更具特殊性、复杂性和开创性，难度和挑战也更大，是全面推进国企改革的重要突破口。为了在更高层级推进国企改革，亟须进一步自下向上推动混合所有制改革，由子企业层面上升至集团层面，全面提高国企混改成效。集团层面股权多元化和混合所有制改革不仅是国资委、地方政府推动国有企业改革的趋势，更是国有企业以改革促发展的内在需求。

5.1.1　中央企业层面

在集团层面，央企混合所有制改革主要以推进股权多元化为主。推进央企在集团层面实施股权多元化，是国资国企改革的重要目标之一。2015 年 8 月，《中共中央国务院关于深化国有企业改革的指导意见》提出"加大集团层面公司制改革的力度，积极引入各类投资者实现股权多元化，大力推动国有企业改制上市，创造条件实现集团公司整体上市"。2017 年，全国国有企业基本完成了公司制改革，这为推进集团层面的股权多元化改革，乃至进一步推进混合所有制改革奠定了客观基础。2018 年 7 月，中央企业、地方国资委负责人会议中明确指出：推动国企国资改革发展不断取得新成效，并将有关改革举措由子企业上升至集团层面，稳妥推进 2～3 家央企集团层面实施股权多元化。2019 年以来，央企集团层面股权多元化改革举措不断落地，国药集团和南航集团先后完成股权多元化改革，为下一步深化改革积累了经验、提供了参考，中央企业集团层面股权多元化情况见表 5-1。

表 5-1　　　　　　　　　　中央企业集团层面股权多元化情况

企业名称	股权多元化情况
上海贝尔	上海诺基亚贝尔股份有限公司（简称上海贝尔）是诺基亚集团和保利集团旗下华信邮电共同出资设立，诺基亚集团和华信邮电股东双方各持 50％股份，也是央企中唯一的一家中外合资企业①
中国联通	中国联通层面已完成股权多元化改革，国务院国资委持股 98.4％，其余股东为其他中央企业
中广核	由国务院国资委持股和广东恒建投资控股有限公司②（恒健投资）共同持股，持股比例分别为 90％和 10％
南方电网	国务院国资委持股 26.4％、广东省人民政府 38.4％、海南省人民政府持股 3.25％、中国人寿持股 32％
国药集团	国务院国资委持股 44.7％、国投集团持股 36.9％、中国国新持股 18.4％
南航集团	南航集团引入恒健投资、广州市城市建设投资集团有限公司（简称广州城投）和深圳市鹏航股权投资基金合伙企业（简称鹏航基金），恒健投资、广州城投、鹏航基金分别以现金形式向南航集团增资 100 亿元

① 2020 年 6 月 2 日，国资委发布《关于上海诺基亚贝尔股份有限公司不再列入国务院国有资产监督管理委员会履行出资人职责企业名单的公告》，经国务院批准，上海诺基亚贝尔股份有限公司不再列入国务院国有资产监督管理委员会履行出资人职责企业名单，按照股权关系由相关中央企业管理。

② 广东恒建投资控股有限公司于 2007 年 8 月经广东省人民政府批准成立。作为地方国有独资投资控股公司，由广东省国资委履行出资人职责，是广东省唯一的省级国有资本运营公司和产融结合平台。

　　央企集团层面股权多元化改革具有以下特点：**一是国有股东间相互持股。集团层面**已进行股权多元化的央企均为国有股东间相互持股，还不具有混合所有改革的特点。在股权结构上，国务院国资委具有绝对控股权，具有"一股独大"的显著特点。中国联通层面改革中国务院国资委持股 98.4％；中广核由国务院国资委持股 90％，恒健投资持股 10％；南方电网股东包括国务院国资委、广东省人民政府、海南省人民政府和中国人寿。国药集团由国务院国资委、国投集团、中国国新共同持股。

二是以央地合作模式为主。合作模式上主要以国务院国资委和以政府背景为主或者政府持股的平台公司为主，更多体现了中央企业和地方国有企业合作为主的特点。中广核通过引入广东省国有资本运营公司共同持股，南方电网引入广东省人民政府、海南省人民政府和中国人寿共同持股。南航集团则是引入了广东省、广州市、深圳市等地方国有资本，是第一家采取央企和地方国企合作的模式，推进中央企业集团层面股权多元化改革的创新样本。

三是引入国有投资公司或者政府改革发展基金是引入战略投资者的主要方式。引入基金进行产权制度改革是混合所有制改革的创新形式。实施集团层面股权多元化改革的企业大多通过引入国有投资公司或者政府改革发展基金的方式实现股权多元化。在中广核、国药集团和南航集团股权多元化过程中，国有基金发挥了重要作用。中广核引入广东省国有投资公司共同持股，国药集团引入国有资本运营公司，南航集团则引入了广东省、广州市、深圳市等地方国有投资公司和发展基金，国有基金的引入对推进股权多元化起到重要作用。

5.1.2　典型地方国企层面

地方国企的股权多元化和混合所有制改革大多以地方政府引导为主，在政府统筹推动下逐步实施，在推进思路和操作方式上具有一定的相似性。其中，上海、浙江和深圳的混合所有制改革最具代表性。上海、浙江和深圳一直都是国企改革的前沿阵地，改革意愿强烈，改革基础和环境健全，同时阶段性改革成效也比较显著。上海、深圳于 2019 年被纳入"区域性国资国企综合改革试验"，推动国资国企改革"1＋N"政策全面落实落地。浙江省民营经济发达，市场化程度高，体制机制比较灵活，推进了国有经济与民营经济的融合发展。地方国企股权多元化改革情况见表 5-2。

表 5-2 地方国企股权多元化改革情况

公司名称	经营范围	改革路径	改革举措
上汽集团	汽车	资产重组上市 子公司定向增发 收购母公司资产	利用现有 A 股上市公司，以资产重组的方式实现整体上市
上海电气	装备制造	资产重组	将核心资产注入上市公司，以两次资产重组的方式实现整体上市
上港集团	水上运输	换股吸收合并	换股发行、吸收合并上港集箱；股改后首家通过以换股吸收合并方式实现整体上市的国企集团公司
上海建工	工程	借壳上市	定向增发股份购买资产，建工集团将专业施工等核心资产和业务注入上海建工。万恒资产和业务整合，并将建工集团的海外业务注入上海建工
隧道股份	工程	借壳上市	1993 年股份制改制上市，成为国内首家建筑上市公司，在 2012 年顺利接收母公司（上海城建集团）的核心资产注入的基础上，于 2015 年 9 月，正式替代上海城建集团身份，全面管理运营原上海城建上市体内外所有国有资产
华建集团	建筑	借壳上市	现代设计集团是华建集团的控股股东，通过借壳上市，现代设计集团将核心主业华东建筑设计研究院有限公司注入华建集团，实现了集团设计咨询主营业务的整体上市
交运股份	物流	资产重组	交运股份收购客运业务、现代物流服务业务等资产，持有交运股份 51% 的股份，仍为公司第一大股东，上海市国资委仍为公司实际控制人。通过本次重组，可实现交运集团主营业务资产整体上市的目标
绿地集团	房地产	借壳上市	8 月 18 日，绿地控股在上海证券交易所上市，绿地集团成功借壳金丰投资实现整体上市
华谊集团	化工	资产重组	以"双钱股份"为平台，推进重大资产业务重组，将旗下 7 家单位的优质资产注入上市公司"双钱股份"，实现了核心资产上市

公司名称	经营范围	改革路径	改 革 举 措
锦江集团	服务业	资产重组核心资产上市	2009 年 8 月，锦江股份进行重大资产重组，锦江酒店剥离经济型酒店"锦江之星"，与锦江股份中的星级酒店等资产进行互换，形成锦江酒店以星级酒店为主、锦江股份以经济型酒店为主的格局
物产中大集团	物资	反向收购	将符合上市条件的优质经营性资产整体注入集团旗下的上市公司——物产中大集团股份有限公司（简称物产中大集团）；物产中大通过发行新股的方式吸收合并母公司，实现物产集团整体上市。反向收购母公司，"资产证券化＋战略投资者＋员工持股"的混改路径
深圳能源集团	能源	资产重组	深圳能源集团股份有限公司（简称深圳能源集团）拆分新设 A、B 两家相同股权结构的公司，其中 75％的股权均由深圳市国资委持股，25％的股权由华能国际持股。深圳能源集团的股份由新设 B 公司持有，A 公司持有其余资产。在两家公司设立后，深圳能源集团吸收合并 B 公司资产，这样深能集团股份直接被深圳市国资委和华能国际持有
深粮控股	食品	资产重组	深圳市深粮控股股份有限公司（简称深粮控股）与深圳市深宝实业股份有限公司（简称深深宝）资产重组，首开我国粮食储备企业整体上市先河。深粮集团由深圳国资委 100％控股转变为福德资本 100％控股。最终，深圳国资委通过福德资本将深粮集团 100％置入深深宝，实现整体上市目的
赛格集团	芯片	核心资产上市	2017 年，深圳市赛格集团有限公司（简称赛格集团）完成核心资产整体上市

（一）上海国企

上海国企集团层面混合所有制开始较早，国企改革的模式与路径非常明确，成效显著。上海国企集团层面混合所有制改革主要以推进市场竞争类国企整体上市为渠道，以发展公众公司为实现形式。通过推动国企整体上市提升企业竞争力，以实现混合所有制改革目标。2019年9月上海市发布的《上海市开展区域性国资国企综合改革试验的实施方案》明确，到2022年，要基本完成竞争类企业整体上市或核心业务资产上市。截至2019年底，在42家市属国企当中，上海有8家国企已经完成整体上市，2家国企完成核心资产上市，占竞争类企业总数的2/3。其中，实现整体上市企业包括上海国际港务集团股份有限公司（简称上港集团）、上海汽车集团股份有限公司（简称上汽集团）、上海建工股份有限公司（简称上海建工）、上海交运集团股份有限公司（简称交运股份）、上海隧道工程股份有限公司（简称隧道股份）、华东建筑集团股份有限公司（简称华建集团）、绿地控股集团有限公司（简称绿地集团）和上海电气集团股份有限公司（简称上海电气），实现核心资产上市企业包括上海华谊集团公司（简称华谊集团）和锦江国际集团有限公司（简称锦江集团）。

从推进情况来看，上海国企混合所有制改革主要有3条路径：一是公司制股份制改革，包括整体上市、核心业务资产上市以及探索特殊管理股制度等；二是实施股权激励和员工持股，调整股权比例，进一步优化股权结构；三是通过加大联合重组力度，推动国有经济和非公有制经济在更高水平优化配置。

（二）浙江国企

浙江在地方国企混改中走在前列，整体混改成效显著，但是集团层面混改进程相对较慢。浙江民营经济发达、创新转型活跃、改革氛围宽松、与国企融合程度较高，为推进混改奠定了基础。在进展层面，浙江混改不仅整体进展较快，也涌现一批标杆企业。浙江省目前省属子企业的混改面已经超过70%，2018年底，推出40个混改项目，涉及交通、能源、环保、化工、机械、建筑、金融等多个领域，引入社会资本超400亿元。

上市和员工持股是浙江国有企业集团层面推进混改的重要方向。在上市方面，物产中大集团是浙江省首家也是唯一一家完成整体上市的省属国企，浙江省建设集团的整体上市工作也在推进中；巨化集团有限公司完成对上市公司菲达环保的重组，浙江天达环保股份有限公司、浙商证券股份有限公司已进行了 IPO 预披露。据统计 7 家省属企业核心资产通过上市或合资实现混合所有制。在员工持股方面，已经推出两批试点，十余家企业，涵盖医药、种业、环境等人才资本和技术要素贡献占比较大的科技型企业。2020 年上半年，浙江杭州安邦护卫有限公司等 5 家企业国家混改试点、9 家企业员工持股试点全部完成，省属企业混改率已达 74.5％。浙江省国际贸易集团有限公司收购康恩贝集团有限公司控股子公司、浙江省二轻集团有限责任公司收购瑞特股份（隶属于常熟市国瑞科技股份有限公司）顺利完成，省属企业资产证券化率已达 63％左右。

（三）深圳国企

推进整体上市是深圳国企改革的重要方向。深圳充分利用上市公司资源，通过推动未上市国有企业 IPO、资产注入实现集团公司整体上市以及加大市场化并购等方式，推动国有资产向上市公司集中。在国资委直管的 20 家企业集团中，仅有深圳能源集团、深粮控股和赛格集团 3 家企业先后完成整体上市，12 家企业拥有上市公司平台，其中在 A 股上市的公司有 18 家，H 股上市的有 2 家。深圳的上市平台资源为深圳市国企加快上市，深化改革奠定了基础。

5.2 改革模式

在集团层面混合所有制改革模式的选择上，当前国企混合所有制改革逐渐形成了上市、兼并重组、股权激励和员工持股、引入战略投资者 4 种主要模式。在实际操作中，通常是采取一种或者多种方式组合的模式来推进。4 种混改模式含义、典型企业和主要做法归纳见表 5-3。

表 5 - 3　　　　　　　　　　混合所有制改革模式

混改模式	含义	典型企业	主要做法
上市	上市是企业资产证券化的过程，企业需要按照上市标准进行股份制改造，借助上市方式引入非公资本，以达到混改目的	上海银行、上港集团、交运股份、中国联通、物产中大集团、华谊集团、隧道股份、锦江集团	通过首发上市、整体上市和核心业务上市，在证券市场进行融资，广泛地吸收社会当中的闲置资金，以快速地提高产品的竞争力和市场的占有率
兼并重组	兼并重组是混改的重要途径。通过整合优化企业资产配置，盘活企业现有资产，完善企业经营管理，提升经营效率效益	上汽集团、上海电气集团、上海交运股份、锦江集团、深圳能源集团、深粮控股、绿地集团和中国建材	并购重组是搞活企业、盘活国企资产的重要途径。通过并购重组，整合行业资源，优化资源配置和内部管理，提高市场竞争力，为下一步推进上市或者引入战略投资者做准备
股权激励和员工持股	为了激励和保留人才、激发企业活力而实施的核心人才和高管持股计划，通过股权将员工利益与企业利益紧紧绑定	物产中大集团、上港集团、上汽集团、上海建工、光明食品集团、华虹集团	股权激励和员工持股有利于强化激励力度，完善企业内部薪酬分配机制，通过利益绑定构建收益共享、风险共担的利益共同体，激发企业经营活力
引入战略投资者	引入为了谋求战略发展利益收购并长期持有较多股份，并积极参与治理的法人投资者	中国联通、国药集团、南航集团、东航集团、物产中大集团	引入战略投资者本质上是形成战略联盟关系。通过引战略投资者有利于优势互补，开拓市场份额，增加市场竞争力，提升企业长久利益

5.2.1　上市

按照上市方式不同，企业可以综合选择首发上市（initial public offering，IPO）、整体上市和核心业务上市等方式来推进混合所有制改革。上市公司已成为中央企业混合所有制改革的主要载体。国有企业需要按照上市标准进行股份制改造，借助上市方式引入非公资本，以达到混合所有制改革目的。此外，国有企业也可以通过资产注入的方式，将非上市资产并入上市公司（外部股东控股）。上市方式的好处在于通过引入更多新股东和资本，加强外部公众监督，提高公司治理和监管能力，按照上市公司要求规范公司经营管理机制，促进企业稳定可持续发展。因此，上市成为国企改革中企业的必然选择。3 种上市方式的含义、典型企业和主要做法见表 5-4。

表 5-4　　　　3 种上市方式的含义、典型企业和主要做法

上市方式	含义	典型企业	主要做法
首发上市	企业通过证券交易所首次公开向投资者增发股票，以期募集用于企业发展资金的过程	上海银行股份有限公司（简称上海银行）	首次在资本市场发行股份向公众出售。通过首发上市大规模融资，推动战略发展转型
整体上市	整体上市是指公司将其主要资产和业务整体改制为股份公司，以实现其全部或者主要经营资产上市	上港集团、交运股份、中国联通、物产中大集团、华谊集团、隧道股份	整体上市强调把企业的全部业务和资产整体改制为股份制公司，纳入资本市场。而非某一业务或部分资产单独上市。整体上市有利于国有企业引入更多外部资本，提升国有企业整体资产质量，推动国内资本市场发展
核心业务/资产上市	通过资产和业务重组，将企业的核心经营资产整体打包上市	华谊集团、锦江集团	由于上市条件的限制，无法满足整体上市要求，将企业核心业务和优质资产打包上市，以满足企业的资金需求和发展需要

（一）首发上市

混合所有制改革中通过首发上市吸收社会资本，进行大规模融资，提升企业竞争力。上海银行是采取首发上市方式的典型企业。

上海银行于 2016 年 11 月完成首发上市，首发规模达 106.7 亿元，成为 A 股第 23 家上市银行。上海银行 6 亿新股以 17.77 元/股的发行价，融资破百亿，达 106.7 亿元，刷新了 A 股 IPO 的新高。发行募集的资金为上海银行实现转型

发展提供充足的资本来源，保障了上海银行业务发展和发展战略的实施。同时，此次发行募集资金有助于提高上海银行资本管理和财务管理能力以及信息技术水平，增强综合竞争力。

（二）整体上市

按照整体上市实现方式不同，综合选择换股 IPO、定向增发、换股吸收合并和反向收购等方式推进整体上市，实现混合所有制改革。4 种整体上市方式的含义、典型企业和主要做法归纳见表 5-5。

表 5-5　　4 种整体上市方式的含义、典型企业和主要做法归纳

方式	含义	典型企业	主要做法
换股 IPO	集团公司与其下属的上市子公司以一定的约定比例进行换股，同时对上市子公司进行吸收合并，并首次公开发行股票，从而实现集团公司整体上市	上港集团	适用于主业明确且集中的集团公司，通过对现存不良资产和非经营性资产进行股份制改造，直接 IPO
定向增发	上市公司以定向增发新股的方式来募集资金，对大股东企业的主业优质资产进行收购，以此来实现集团的整体上市	交运股份、中国联通、物产中大集团和华谊集团	为实现集团内主业资产整体上市，上市公司通过反向收购集团主业资产或相关产业链资产，扩大上市规模，集团公司剥离资产成为空壳后注销
换股吸收合并	集团公司吸引其下属的几个上市子公司以换股的形式进行吸收合并，以达到整体上市目的	上港集团和物产中大集团	集团公司通过收购或换股，吸收合并其上市子公司，以实现整体集团 IPO。集团整体上市之后，原上市子公司同步下市
反向收购（借壳上市）	非上市公司通过资产认购方式认购上市公司新发行股份，向上市公司注入资产并取得控制权，实现整体上市	隧道股份	反向收购适合于主业和副业资产都比较庞大的集团公司，非上市公司通过收购业绩和筹资能力较差的上市公司来取得上市地位，然后通过"反向收购"注入相关业务和资产实现整体上市

换股 IPO 是企业实现整体上市最彻底的方式，能够将企业所有业务和资产

纳入上市公司，对于整合业务资源、促进资源优化配置和股份制改革都具有积极意义。上港集团是采取换股 IPO 方式实现整体上市的典型企业。**上港集团**通过换股发行、吸收合并上港集箱，是股改后首家通过以换股吸收合并方式实现整体上市的国企集团公司，为控股集团公司与上市公司的联动重组打开新局面。上港集团的整体上市方案，是 A 股市场无先例可循的又一"特例"。在不另外向公众发行新股的情况下，赋予上港集箱除上港集团外的所有股东现金选择权，同时设立第三方支付现金对价，此创新方案使流通股东获得了更多的选择权。

通过定向增发模式可以获得更多、更大的融资渠道，从而获得更高的资产溢价，避免了企业的现金压力，市场接受度较高。而且发行流程相对简化，成本较低，大大提高了市场运行效率。定向增发模式是现阶段应用最为广泛的一种模式。上海交运股份有限公司、中国联通、物产中大和华谊集团是通过定向增发模式实现整体上市的典型企业。

交运股份通过定向增发实现整体上市。交运股份向其控股股东上海交运集团公司非公开发行股票，收购交运集团下属临港口岸码头 35％的股权和其持有的上海交运沪北物流发展有限公司 100％的股权以及 2 亿元现金。此外，上海地产集团有限公司以其持有的南站长途客运有限公司 25％的股权和上海久事公司以其持有的交运巴士客运有限公司 48.5％的股权，对交运股份非公开发行股份进行认购。

中国联通于 2017 年以上市公司定向增发的模式开展混改。联通集团已经实现了绝大部分业务上市，联通股份公司承载了集团核心的资产、业务和人员。在这次改革中，联通股份公司通过定向增发的方式，将中国联通的国有股权比例，从 70％以上降低到 30％多，保持国有相对第一大股东的同时，吸引了十多家战略投资者，同步展开了上市公司股权激励，7000 多核心岗位员工通过限制性股票方式持股，实现了国有股、投资人和核心岗位人员的利益绑定，共同发展。

换股吸收合并兼有定向增发模式和换股 IPO 模式的特点，是两种模式的折中之选。通过换股吸收合并模式推进整体上市对市场的资金压力较小，双方都为上市公司，具有较高的市场化程度，有利于方案实施。上港集团和物产中大是采用换股吸收合并模式实现整体上市的典型企业。

上港集团按照换股吸收合并议案，通过向 G 上港的全体股东发行股票，来交换所持有的 G 上港流通股。按照 1：4.5 的比例进行换股，即 1 股 G 上港股票可以换取 4.5 股上港集团股票。通过换股吸收合并 G 上港（600018）之后，G 上港被终止上市并注销。上港集团申请在上证所上市。

物产中大集团向国资公司和交通集团发行股份，换股吸收合并物产集团，实现整体上市，原物产集团注销。同时，物产中大向第二批战略投资者（中心并购基金、联想君联资本、天堂硅谷、塞领资本、中植资本、三花控股等）以及员工持股计划（共计1061人）发行股份募集共计 26.27 亿元的配套资金。

在反向收购模式中，上市公司通过向集团公司股东定向增发收购集团公司的主业资产和核心业务，资产注入上市公司从而实现整体上市。通过反向收购模式推进整体上市的发行成本低、信息披露程度低，上市周期相对较短，而且能够提高股权集中度，上市成功概率更高。上海隧道工程股份有限公司是采取反向收购方式实现整体上市的典型企业。

隧道股份于 1993 年股份制改制上市，成为国内首家建筑上市公司，在 2012 年顺利接收母公司（上海城建）的核心资产注入的基础上，于 2015 年 9 月，正式替代上海城建集团身份，全面管理运营原上海城建上市体内外所有国有资产。

（三）核心业务上市

通过核心业务上市可以帮助集团企业集中核心业务和优质资产，达到上市条件，满足企业的资金需求和发展需要。华谊集团和锦江集团是以核心业务上市方式实现上市的典型企业。

华谊集团利用"双钱股份"这一平台进行资产业务重组，通过将其下属天原公司、新材料公司和信息公司等 7 家公司的优质资产注入"双钱股份"，达到集团核心资产上市的目的。之后，将"双钱集团股份有限公司"更名为"上海华谊集团股份有限公司"。经上海证券交易所核准，将"双钱股份"变更为"华谊集团"；"双钱 B 股"变更为"华谊 B 股"。

锦江集团于 2009 年进行重大资产重组，逐步剥离经济型酒店业务和资产，进而与锦江股份的星级酒店业务和资产进行资产互换。互换完成后，锦江酒店主营星级酒店业务，锦江股份则主营经济型酒店业务。2014 年 6 月，锦江股份通过非公开发行股票引入战略投资者——弘毅投资基金，引进投资 15 亿元人民币，占全部股份的 12.43%。

5.2.2 并购重组

并购重组是搞活企业、盘活国企资产的重要途径。通过并购重组，整合行业资源，优化资源配置和内部管理，提高市场竞争力，为下一步推进上市或者引入战略投资者做准备。绿地集团和中国建材是通过并购重组方式进行股权多元化改革的典型企业。

绿地集团通过实施并购重组，有力促进了企业发展与转型。绿地先后以参与混改的形式，投资控股了原宝钢建设、贵州建工、江苏省建、天津建工、西安建工、贵州药材以及东航物流上航国旅等国企，并取得了多方共赢的良好效果。通过形成国有资本、社会资本、管理团队交叉持股的"金三角"体制，这些企业的动力、活力、实力和竞争力不断提升，主要经济指标年均增长率都在30%以上，部分企业甚至达到50%以上，对绿地集团整体持续发展具有重要促进作用。

中国建材通过联合和收购民营企业，大胆引入非公资本，实现了混合所有制改革。大规模并购重组，一方面，能够增强行业集中度，促进人才、技术和资金等资源整合和优化配置，扭转了行业内部过度竞争的不良局面，提高经营效率效益；另一方面，民营资本占比超过三分之二，大大增强了国有资本的融资能力和控制力，促进了国有企业做大做强做优。2014 年入选央企混改试点企业，其下属子公司中国玻纤（已改名为"中国巨石"）和北新建材成为集团内部发展混合所有制经济的首批试点单位。

5.2.3　引入战略投资者

引入战略投资者是股权多元化改革的重要手段。央企集团层面混改大多通过引入战略投资者来谋求股权多元化。引入战略投资者本质上是形成战略联盟关系。通过引战略投资者有利于优势互补，开拓市场份额，增加市场竞争力，提升企业长久的利益。典型企业如联通集团、国药集团、南航集团和东航集团都是通过引入战略投资者方式推进股权多元化改革。

作为首批集团层面整体混合所有制改革的试点企业，**中国联通**于 2017 年率先在集团层面进行了混合所有制改革。混合所有制改革之后，腾讯和北京百度网讯科技有限公司（简称百度）作为新的战略投资者加入进来，中国联通的持股比例下降到 36.7%，虽仍是大股东，但是绝对控股地位发生了改变。新成立的董事会构成也进行了调整，更多民营企业代表加入，参与经营决策，治理结构和经营管理机制得到进一步优化。中国联通通过股权激励向 7000 多名核心骨干员工授予了股票，占总股比 2.7%，大大激发了员工的热情和积极性。此外，通过引入战略投资者，实现了联通在云计算、物联网等领域广泛的战略合作，增强了其创新发展动能。**国药集团**于 2019 年 1 月进行了股权多元化改革，引入国家开发投资集团有限公司、中国国新控股有限责任公司共同持股，由国有独资公司转变为多元股权的有限责任公司。改革完成后，国药集团继续作为国务院国资委履行出资人职责的中央企业。

南航集团通过引入战略投资者增资 300 亿元，广东恒健投资控股有限公司、广州市城市建设投资集团有限公司、深圳市鹏航股权投资基金合伙企业（有限合伙）各增资 100 亿元。南航集团是首次采用央地合作模式进行股权多元化改革的中央企业，其增资方均为地方政府确定的投资主体。

东航集团的混合所有制改革进程比较迅速。2015 年东航集团宣布引入达美航空作为战略投资者，达美航空斥资 4.5 亿美元入股东航，持股 3.55％。2016年东航集团引入携程参与定增，携程以 30 亿元取得东航集团 3.2％的股份；同年，东航集团被列入首批 6 家混合所有制改革央企试点。2018 年，东航集团又与吉祥航空实现交叉持股。2019 年 11 月 26 日，中国国新与东航集团签署股权改革项目合作意向协议书，明确中国国新出资参与东航集团层面股权多元化改革的意向。

物产中大集团是地方国企混合所有制改革的典型代表，实现了在上市过程中，同步引入战略投资者，开展员工持股。在混合所有制改革过程中，物产中大集团通过发行股份吸收合并物产集团并购买物产国际 9.6％股权，同时通过定向增发引入员工持股及战略投资者。物产中大集团向物产集团全体股东发行股份推进吸收合并，物产集团作价 104.9 亿元。在引入战略投资者方面，物产中大集团引入了如浙江省交通集团、联想君联资本、天堂硅谷和赛领资本等资源丰富、实力雄厚的战略投资者，这些产业与金融资本的引入，促使物产中大股权结构更加科学和多元化。在员工持股方面，物产中大集团实行了 2015 年度员工持股计划，向浙江物产等 9 名特定投资者非公开发行股份募集配套资金，募资上限 26.29 亿元，用于跨境电商综合服务项目及充实资本等，员工持股由此同步落地。"混改"完成之后，物产中大集团的股权结构发生了重大变化，省国资运营公司、省交通集团、员工持股计划、战略投资者和公众股分别持股 33.81％、20.72％、7％、6.63％和 31.84％。

5.2.4　股权激励和员工持股

股权激励和员工持股是我国借鉴西方公司治理的重要方式。通过股权这一重要载体，能够将该公司利益与员工利益统一起来，激发员工的工作热情和积极性，形成"风险共担、利益共享"的利益共同体，推动企业持续发展壮大。股权激励和员工持股是国企改革的催化剂，对于改善管理层经营意义重大。

上港集团、上汽集团、上海建工、光明食品集团、华虹集团等先后实施各类股权激励，上海市国资委系统企业实施各类股权激励累计45例。物产中大集团的混改模式是"整体上市＋引入战略投资者＋员工持股"。上市公司物产中大通过发行股份吸收合并物产集团，之后注销物产集团，实现整体上市；同时，物产中大又通过实行员工持股计划，非公开发行股份募集配套资金。物产集团管理层、骨干员工及下属企业高管参与员工持股计划，在整体上市过程中同步实施员工持股。物产集团混改完成后，国资公司和交通集团总计持股54.52％，战略投资者持股7.42％，员工持股7.01％，其他股东持股31.05％，实现真正意义上的混合所有制。

5.3　未来展望

受限于国资监管传统体制的束缚，混合所有制改革过程中不可避免存在"改下不改上"等弊端。集团层面股权多元化和混合所有制改革从企业的最高层面突破限制，能够更加全面推进混合所有制改革，改革更加彻底。但是，集团层面改革涉及面较广，改革需要考虑的因素更多，面临的改革形势也更加复杂，必须统筹考虑、审慎推进。同时，集团层面股权多元化和混合所有制改革也面临国有资产流失等风险。因此，在进行股权多元化改革时，应坚持"因地施策、因业施策、因企施策，宜独则独、宜控则控、宜参则参，不搞拉郎配，不搞全覆盖，不设时间表"的原则，科学制定方针政策和选择改革模式、路径。

5.3.1　探索应用符合企业业务特征的改革模式

通过对央企和地方国企混改情况的研究发现，常见的混改模式主要有上市、兼并重组、股权激励和员工持股、引入战略投资者4种。4种典型混改模式各具特点，利弊共存，具有不同的适用情况。**上市**虽然可以引入更多外部资金，引进更好的资源，提升企业规模，完善治理体系和监督机制，提升企业的市场竞争力。但也存在上市成本、费用较高，周期较长；股权稀释，降低控股权，上市后对企业控制力减弱；股价异常波动给企业运营带来负面影响等问题。**兼并重组模式**有利于实现双方在人才、技术、财务等方面的优势互补，资源整合和优化配置，提高规模经济效益；但兼并重组成本较高，风险较大，并购后的整合难度较大，易引发市场负面情绪，比较适合行业集中度不高、规模较大的行业龙头企业。**股权激励和员工持股模式**通过给予员工部分股东权益，使其具有主人翁意识，从而与企业形成利益共同体，促进企业与员工共同成长，帮助企业实现稳定发展的长远目标；但政策限定比较多，对内部管理规范性要求比较高，对适用企业范围、激励方式、企业条件等都有严格政策要求。**引入战略投资者模式**通过引入战略投资者有助于开拓市场份额，增加市场竞争力，提升企业长久利益；战略投资者会加入董事会参与管理和决策；原股东特别是控股股东的股权很容易被稀释，甚至可能会丧失对公司的控制权；此模式适用于处于战略转型或者因业务发展和市场布局需要建立战略联盟关系的企业。

5.3.2　选取整体上市模式应权衡利弊统筹考量

整体上市是推进混合所有制改革最为彻底、最有效率的路径。混合所有制改革中应积极推进企业实现整体上市，大力推进市场竞争类企业采取多种方式实现整体上市，将市场竞争类企业整体上市作为集团混改的重要突破点。整体上市是国有企业集团公司的全部业务和全部资产整体融入资本市场，有利于吸引更多社会资本，增强企业融资能力。此外，整体上市需要企业先完成股份制改造，在集团层面或者母公司层面实现产权主体和投资主体多元化，有利于现代企业制度建立和公司治理结构优化，提高资源配置效率和经营管理能力，促进国有企业做强做优做大。

企业整体上市会对企业各类业务资源、人员构成和文化氛围的调整和整合产生重要影响。如何整合发挥各业务的优势，对企业资源进行优化配置，深度融合主营业务和注入的优质资产，以契合企业的战略发展方向是企业整体上市过程中面临的重要挑战。因此，企业在选择上市方式时，应该全面评估自身的各项资源和业务发展情况，统筹考虑整体上市的利弊，根据战略发展方向进行可行性评估，然后制定符合战略方向和业务发展的整体上市方案，才能形成规模效应和协同效果。

5.3.3　构建与改革模式相适应的治理机制

集团层面股权多元化和混合所有制改革不仅在于改变股权主体，更重要的是通过改革进一步优化治理体制机制，以"混"促"改"，建立不同于国有独资企业的治理体制机制。在中央企业中，南方电网、中国联通、中广核、上海贝尔、中国华录集团有限公司、中国商用飞机有限责任公司、中国航空发动机集团有限公司这7家企业已在集团层面实现多元国有股权，但它们的治理方式与国有独资企业差异不大。同时，国企集团层面混改对进一步完善国资监管方式提出更高要求。随着股权混合的加深，中央企业决策模式将发生重要变化。地方国有企业混改力度更大，将推动集团整体上市作为深化混改的重要方向，充分利用资本市场将加强国资监管。围绕建立以管资本为主的国资监管模式，探索更多以股东身份参与国资监管的方式方法，建立更加灵活的监管制度，进一步提高监管效率。因此，在实现多元股权的基础上，集团层面股权多元化改革需要转变体制机制，实现由股权的"混"到体制机制的"改"，探索建立有别于国有独资、全资公司的治理机制和监管制度，全面激发混合所有制企业活力。

6

混合所有制企业经营机制转变

　　混合所有制改革企业经营机制转变是指以市场机制为原则，以保护产权、维护契约、统一市场、平等交换、公平竞争、有效监督为导向，通过国有及国有控股企业引入集体资本、非公资本、外资等各类资本，实现企业产权层面的多元化、制衡化的同时，在内部治理和运行机制层面上通过加快推进职业经理人、股权激励和员工持股等中长期激励机制、推进三项制度改革等搞活国有企业经营机制，以"混"促"改"，真正实现混合所有制改革的目的。

　　在中央工作部署下，混合所有制改革积极稳妥推进。截至2020年8月，共有206家国有企业成为试点企业，在国家发展改革委的指导下制定混改实施方案，鼓励社会资本进入，在完全竞争领域混改，允许社会资本控股。随着国企混改数量的不断增多，国有企业积极引进各类战略投资者，以引资本促进转机制，初步建立了有效制衡的公司法人治理结构和灵活高效的市场化经营机制，以"混"促"改"、由"混"到"改"趋势日益明显，改革是动力，混合是形式与手段，相辅相成，互为条件，混合所有制企业机制改革逐渐进入改革快车道。

　　总体来看，混合所有制企业经营机制转变的主要任务是开放竞争性业务、破除行政垄断、打破市场垄断，改革目标包括完善治理、强化激励、突出主业、提高效率，改革途径包含外部引资、设立新公司、完善公司治理、拓展业务链条、员工持股等。

6.1　政策要求

　　根据对2013年以来混合所有制改革政策梳理总结，企业经营机制转变改革政策要求主要表现在3个方面。相关政策文件见表6-1。

　　一是完善公司治理与管控。混合所有制企业既要完善现代企业制度，健全法人治理结构，规范企业股东（大）会、董事会、监事会、经理层和党组织的

表 6 - 1　　　　　2013 年以来发展混合所有制企业机制转变的政策要求

政　策　名　称	政　策　要　求
《中共中央、国务院关于深化国有企业改革的指导意见》（中发〔2015〕22 号）	对通过实行股份制、上市等途径已经实行混合所有制的国有企业，要着力在完善现代企业制度、提高资本运行效率上下功夫；坚持试点先行，在取得经验基础上稳妥有序推进，通过实行员工持股建立激励约束长效机制。优先支持人才资本和技术要素贡献占比较高的转制科研院所、高新技术企业、科技服务型企业开展员工持股试点，支持对企业经营业绩和持续发展有直接或较大影响的科研人员、经营管理人员和业务骨干等持股
《国务院关于国有企业发展混合所有制经济的意见》（国发〔2015〕54 号）	混合所有制企业要建立健全现代企业制度，明晰产权，同股同权，依法保护各类股东权益。规范企业股东（大）会、董事会、经理层、监事会和党组织的权责关系，按章程行权，对资本监管，靠市场选人，依规则运行，形成定位清晰、权责对等、运转协调、制衡有效的法人治理结构。 按照现代企业制度要求，建立市场导向的选人用人和激励约束机制，通过市场化方式选聘职业经理人依法负责企业经营管理，畅通现有经营管理者与职业经理人的身份转换通道。职业经理人实行任期制和契约化管理，按照市场化原则决定薪酬，可以采取多种方式探索中长期激励机制。严格职业经理人任期管理和绩效考核，加快建立退出机制
《关于印发〈关于鼓励和规范国有企业投资项目引入非国有资本的指导意见〉的通知》（发改经体〔2015〕2423 号）	引入非国有资本投资项目的企业应当明晰产权关系，优化运行机制，切实保障股东和职工的合法权益。依法建立完善以合同管理为核心、以岗位管理为基础的市场化用工制度，完善激励与约束，效率与公平相统一，既符合企业一般规律又体现国有企业特点的分配机制，促进企业持续健康发展
《国资委关于印发〈关于国有控股混合所有制企业开展员工持股试点的意见〉的通知》（国资发改革〔2016〕133 号）	坚持增量引入，利益绑定。主要采取增资扩股、出资新设方式开展员工持股，并保证国有资本处于控股地位。建立健全激励约束长效机制，符合条件的员工自愿入股

政 策 名 称	政 策 要 求
《国务院办公厅关于进一步完善国有企业法人治理结构的指导意见》（国办发〔2017〕36 号）	健全以公司章程为核心的企业制度体系，充分发挥公司章程在企业治理中的基础作用，依照法律法规和公司章程，严格规范履行出资人职责的机构、股东会、董事会、经理层、监事会、党组织和职工代表大会的权责，强化权利责任对等，保障有效履职，完善符合市场经济规律和我国国情的国有企业法人治理结构，进一步提升国有企业运行效率
《国务院办公厅关于印发中央企业公司制改制工作实施方案的通知》（国办发〔2017〕69 号）	改制企业要以推进董事会建设为重点，规范权力运行，实现权利和责任对等，落实和维护董事会依法行使重大决策、选人用人、薪酬分配等权利。要坚持两个"一以贯之"，把加强党的领导和完善公司治理统一起来，处理好党组织和其他治理主体的关系，明确权责边界，做到无缝衔接，形成各司其职、各负其责、协调运转、有效制衡的公司治理机制。改制企业要不断深化劳动、人事、分配三项制度改革，建立健全与劳动力市场基本适应、与企业经济效益和劳动生产率挂钩的工资决定和正常增长机制，完善市场化用工制度，合理拉开收入分配差距，真正形成管理人员能上能下、员工能进能出、收入能增能减的市场化选人用人机制
《关于深化混合所有制改革试点若干政策的意见》（发改经体〔2017〕2057 号）	坚持依法合规、公开透明、立足增量、不动存量、同股同价、现金入股、以岗定股、动态调整等原则，积极推进混合所有制改革试点企业员工持股，有效实现企业与员工利益和风险绑定，强化内部激励，完善公司治理
《国资委关于印发〈中央企业混合所有制改革操作指引〉的通知》（国资产权〔2019〕653 号）	中央企业所属各级子企业实施混合所有制改革，一般应履行以下基本操作流程：可行性研究、制定混合所有制改革方案、履行决策审批程序、开展审计评估、引进非公有资本投资者、推进企业运营机制改革。以新设企业、对外投资并购、投资入股等方式实施混合所有制改革的，履行中央企业投资管理有关程序

续表

政 策 名 称	政 策 要 求
《部分重要领域混合所有制改革试点工作方案》	混合所有制试点企业在法人治理结构、激励约束机制、核心主业发展等方面要积极突破，通过完善治理、强化激励、突出主业、提高效率推动实现混合所有制改革实现国有资本和各类社会资本优势互补，共同发展

权责关系，落实董事会职权，又要优化混合所有制企业管控模式，避免"行政化""机关化"管控，尤其是在母子公司管控方面要注重通过股东（大）会表决、推荐董事和监事等方式行使股东权利，实施以股权关系为基础、以派出股权董事为依托的治理型管控，加快实现从"控制"到"配置"的转变。

二是要深化三项制度改革，建立完善激励约束机制。实现管理人员能上能下、员工能进能出、收入能增能减，完善国有企业市场化经营机制，推动国有企业高质量发展，不断增强国有经济竞争力、创新力、控制力、影响力、抗风险能力。要用足用好用活员工持股等各种正向激励工具，构建多元化、系统化的激励约束体系，把企业干部员工利益与企业发展紧密结合起来，建立利益共同体。引导企业干部员工更加重视企业长远发展，减少企业短期行为，进一步增强国有企业内在活力。

三是要突出主业，提升效率。通过引入各类资本做到各取所长，推动国有企业强化产品创新和科技创新，推动国有资本在关键领域、重要行业发挥引领作用，为打造主业突出、技术领先、管理先进、绩效优秀、全球资源配置能力强的世界一流企业奠定扎实基础。

6.2 先进实践

6.2.1 建立完善符合现代产权制度的法人治理结构

建立有效的公司治理结构是混合所有制改革的核心。与原国有企业相比，建立符合现代产权制度的法人治理结构，有利于促进混合所有制企业运营效率的提高。

（1）优化股权配置结构，形成利益风险共担、相互制衡的局面。

除国有资本必须保持独资、绝对控股的"红线底线"外，国有企业混合所有制改革要突破"限制股比"的思维方式，改变国有股一股独大、内部人控制的局面，建立相对均衡的股权结构。建立用手投票而非用脚投票的机制，让其他股东在公司决策和有效治理中能够发挥关键作用，真正实现市场化决策机制。混合所有制企业大幅降低国有股权比重，形成"国有控股、一股领先、适度分散、股权激励"的股权架构。国有控制是指虽然母公司不绝对控股，但是国有资本包括员工持股股比加总起来仍然超过 50%。

中国联通以引资本为重点，顺利实现"一股领先，相对制衡"的股权多元化结构。2017 年 3 月 28 日，中国联通上报混改试点方案。方案于 2017 年 6 月 12 日正式获批，2017 年 8 月 20 日对外公告。中国联通混改引入了 4 大类处于行业领先地位，且与中国联通具有协同效应、优势互补的战略投资者：一是大型互联网公司，包括腾讯、百度、北京京东世纪贸易有限公司（简称京东）、阿里巴巴网络技术有限公司（简称阿里巴巴）和苏宁易购集团股份有限公司（简称苏宁）云商；二是垂直行业领先公司，包括光启技术股份有限公司、滴滴出行（隶属于北京小桔科技有限公司）、网宿科技股份有限公司（简称网宿科技）、用友软件股份有限公司、宜通世纪科技股份有限公司；三是具备雄实力的金融企业和产业集团，包括中国人寿、中国中车；四是国内领先的产业基金，包括中国国有企业结构调整基金、前海母基金。

2017 年 10 月 25 日，中国联通通过非公开发行和转让老股等方式募集的 747 亿元资金全额到位。混改完成后，国有股东持有联通 A 股公司 5319 股，保持绝对控股，公有制国有企业的性质没有变；联通集团持有的 A 股公司股份由

62.7%降为36.7%，仍为单一最大股东；新引入的14家战略投资者合计持有35.2%的股份；员工限制性股票激励计划占2.6%的股份；公众股东持有25.5%的股份。其中，员工限制性股票激励计划突破按职级授予的通行做法，授予包括中高级管理人员以及管理骨干、技术骨干等在内的高价值创造群体，设置严格的解锁条件，强化激励约束相统一。2018年4月9日，中国联通完成了首次7752人累计794亿股的授予工作。

中国航天科工集团有限公司（简称航天科工）通过新设公司并在产权市场增资扩股的方式引入社会资本共同发展商业航天产业，填补了我国固体运载火箭商业化的空白。航天科工所属航天科工火箭技术有限公司（简称火箭公司），是中国航天三江集团有限公司（简称航天三江）为抢抓市场发展机遇而成立的国内首家专业提供商业航天发射服务的公司。火箭公司的主营业务是运载火箭的设计、研发、生产、销售，航天器的研制、生产、试验与发射，面向国际和国内承揽商业发射服务。2016年2月，火箭公司在湖北武汉新洲区阳逻经济开发区注册成立，成立时为航天三江全资子公司，注册资本为3亿元。2017年3月，火箭公司完成增资，注册资本由3亿元增至5亿元，航天三江、湖北航天技术研究院总体设计所（简称总体设计所）和湖北三江航天江河化工科技有限公司（简称江河公司）出资比例分别为97%、1.5%和15%。

2017年12月，火箭公司完成A轮增资签约仪式，共引进8家社会投资机构，火箭公司增加注册资本2亿元，以每元注册资本6元的价格募集资金12亿元。本次增资火箭公司主要引进了两类战略合作伙伴：一是具备一定规模的专业投资公司，能为公司资本运作、股改上市、经营管理、治理模式等提供咨询服务；二是商业航天产业链上的战略合作伙伴，特别是能为公司市场开拓、协作配套提供支持的企业。通过本次增资，火箭公司实现了从单一股权向多元股权的结构转变，引入了社会资本共同发展我国商业航天产业，股权结构见表6-2。

表 6-2   火箭公司完成 A 轮增资后的股权结构

序号	股 东 名 称	出资额（万元）	股权比例（%）
1	中国航天三江集团有限公司	48 500	69.29
2	长江航天产业投资基金合伙企业（有限合伙）	6000	8.57
3	杭州国核金研投资合伙企业（有限合伙）	4000	5.71
4	深圳市中军领航投资合伙企业（有限合伙）	3000	4.29
5	中车股权投资有限公司	2000	2.86
6	宁波梅山保税港区中金潞天股权投资合伙企业（有限合伙）	1500	2.14
7	中国国有资本风险投资基金股份有限公司	1500	2.14
8	杭州浙民投航天投资合伙企业（有限合伙）	1000	1.43
9	深圳市创新投资集团有限公司	1000	1.43
10	湖北航天技术研究院总体设计所	750	1.07
11	湖北三江航天江河化工科技有限公司	750	1.07
	合计	70 000	100

（2）充分发挥各治理主体在公司治理中的关键作用。

混合所有制改革通过推动国有企业建立完善各负其责、协调运转的决策、执行、监督机制，真正实现股权多元、权责明确、相互制衡、激励有效的公司治理。通过董事会集体决策和监事会的监督，避免大股东干预、内部人控制和"一把手说了算"等情形。

一是混合所有制企业推进治理结构建设，提高非公有资本的战略投资方的董事席位占比，增强非公有资本决策话语权。例如，**中国联通**以强治理为导向，给予互联网企业股东以董事会席位，积极推进新一届董事会组建和职权落实。2018 年 2 月 8 日，联通 A 股公司正式选举产生混改后的新一届董事会。新一届董事会由 13 人构成：在非独立董事 8 人中，有内部董事 3 人，其余 5 人来自混改引入的战略投资者，包括中国人寿、腾讯、百度、阿里巴巴、京东各 1 名；按照上市规则设置独立董事 5 人。中国联通成立发展战略、审计、薪酬与考核、提名等专门委员会，实现了董事会组成的多元化和专业化，董事在发展战略、业务合作、改革发展、经营预算等重大事项上履职尽责，建言献策，发挥了重要作用；系统优化党组织、董事会及其专门委员会以及经理层的治理架构和权责体系，提高了公司治理效率；充分集聚新一届董事会各位董事及公司上下的智慧，制定形成《中国联通党组关于深入实施聚焦创新合作战略建设"五新"联通的指导意见》，致力于以混改为契机，建设"五新"（新基因、新治理、新运营、新动能、新生态）联通，推进企业加快从"基础电信运营商"向"基于网络运营的数据服务公司"转型，打造新时代中国特色社会主义新央企。

二是合理配置监事会成员，充分赋予中小股东监督权，形成有效制衡的治理结构。例如，**东航物流**组建全新的股东会和董事会，其中董事会由9人组成：东航集团占五席、联想占两席、普洛斯占一席、员工持股平台占一席、绿地和德邦则获得监事席。几家股东在公司章程的制定中也非常注意制约平衡，比如在投资决策、预算制定方面，至少要获得三分之二董事会成员的认可，这就意味着除了东航委派的5名董事，至少还需要一名董事支持。虽然员工持股平台实际由东航集团控制，东航物流还是可以稳稳地控制董事会的各项决议，但非国有股东甚至外方股东委派的董事、监事参与也使东航物流在今后的决策中避免国有资本的"一言堂"。此外，**中国葛洲坝集团公司（简称葛洲坝集团）**通过给予小股东充分的知情权、监督权和建议权，发挥其促进企业规范治理的重要作用，积极发挥混合所有制企业股权多元化给企业治理带来的天然优势。

三是加强党的建设与完善企业治理结构有效结合。例如**葛洲坝集团**按照"权力制衡、责权清晰、程序严谨、决策科学、运作高效、监督独立"的原则，在所有的混合所有制企业中设立股东（大）会、董事会、监事会，设董事长、党组织书记、总经理3个主要领导职位。原则上董事长、党组织书记由一人担任，总经理单设，班子主要成员实行"双向进入、交叉任职"，即均为董事、党组织委员（非党员除外），挑选能力较强的党务干部加强党务工作，明确党组织在公司治理中的地位，确保混合所有制企业的发展方向。

四是建立专职董监事制度，提高混合所有制企业科学决策能力。例如**葛洲坝集团**对二级和部分三级混合所有制企业试行专职董监事制度。二级单位专职董监事由葛洲坝集团委派，组成二级单位的董事会和监事会，专职董监事人事关系保留在集团，直接参与决策，专职监事独立监督，促进了混合所有制企业的规范运作和科学决策。

6.2.2 建立健全市场化选人用人和激励约束机制

混合所有制改革以"混"为前提，以"改"见真章，通过完善市场化选人用人和激励约束机制，充分调动一切积极因素，为激发国有企业发展活力进行了富有成效的多样化探索，积累了丰富的制度性经验，大幅度提升资产效益和劳动生产率。

（一）全面推进职业经理人体系建设

以加强董事会建设、落实董事会职权为抓手，积极完善外部董事和职业经理人选聘机制，并探索完善战略、薪酬、投资决策等方面的董事会专门委员会制度，推动形成制度规范、运行高效的中国特色现代国企制度。

中国建材全面推进职业经理人体系建设，重点把握"两个核心"和"六个关键点"。"两个核心"是身份市场化和管理契约化。"六个关键点"是完善董事会选聘；职业经理人以转化为主；档案关系转至社会人才管理部门；待遇和解聘契约化；解聘后的职业经理人一步到位、退到市场，可在参加招聘履行程序后从事其他工作，退休时档案关系可转回原单位管理；针对市场化选聘的职业经理人建立市场化薪酬分配和激励约束机制。

具体来说，在职业经理人选聘方面，中国建材职业经理人以内部转化为主，市场公开招聘为辅，主要有 3 个来源：一是有步骤、有重点地从市场中选聘包括猎头选聘，例如 2009 年公开招聘南方水泥首席执行官（CEO），2011 年通过国资委、中组部组织全球招聘，千里挑一选聘了集团的总会计师；二是在联合重组中，由被重组企业的管理人转化而来，且可以保留一定的股权，例如北方水泥CEO；三是自我培养，稳步推进现有经理人向职业经理人转变。此外，中国建材要求职业经理人首先要接纳企业的文化和理念，在此前提下，按照职业操守、职业化能力和业绩3大任职要求，按市场论价，建立与业绩挂钩的晋升和降职通道以及退出机制。同时，中国建材对职业经理人不单是"用"，也注重"育"，通过对职业经理人的培养着重提高其专业素质、学习能力、领导能力和经营管理能力。

在职业经理人的薪酬激励方面，中国建材一直努力探索市场化的薪酬和激励体系，积极稳妥地完善激励机制，建立经营者利益、所有者利益和公司效益的正相关关系。一方面利用央企的社会地位、品牌形象和发展平台等综合优势，吸引职业经理人干事创业；另一方面，确定了比市场水平低、比国企现状略高、具有一定竞争力的"半市场化"薪酬激励标准。

在职业经理人的考核方面，中国建材强调以经营效益为关键要素，确立职业经理人的契约化管理模式，明确职业经理人的岗位责任、绩效责任和任期目标，突出对经营效益等关键绩效指标（KPI）的考核。

（二）推动形成市场化选人用人机制

按照按劳分配理念，通过建立健全公开透明的员工晋升、流动和退出制度，坚定打破平均主义"大锅饭"，充分调动干部员工的积极性与创造力。

建立市场化的劳动契约关系，积极推动干部员工"去身份"。例如，**东航物流**按照市场化原则，推动员工"脱马甲"转化国有企业员工身份，实现"能者上、平者让、庸者下"。东航物流推动干部员工"脱马甲"，转变国企人员身份，重新以市场竞争人员身份入场，重新签订完全市场化劳动合同。此外，东航物流还在中高层管理人员中推行"一人一薪、易岗易薪"，对选聘的干部员工实行完全市场化薪酬分配与考核机制，真正打破"大锅饭"，实现"能者上、平者让、庸者下"，以价值创造为纲，为能力付薪，为业绩付薪，并在薪酬幅宽、薪酬结构、绩效考核、福利政策等方面做了相应的配套改革。**南网能源破**

除身份壁垒，强化员工岗位意识，推动员工能进能出。南网能源根据市场化业务的发展需要，打破身份、职级限制，开展以岗位胜任能力为依据的人才聘任工作。消除干部原有的行政职级观念，建立依能上岗、按岗定薪、定期考核、动态调整、优升劣降的岗位管理制度，行政职级保留在档案里。对于市场化招聘的具有突出能力和实际业绩表现的人才，不定职级而按所履职的岗位给予相应的薪酬待遇。至 2018 年，南网能源用此方式从市场聘任 30 余位二级部门（单位）负责人。

建立以岗位管理为基础的员工退出制度，畅通和创新员工退出渠道。南网能源把好人员的进口，畅通人员的出口。以"严把进口关，落实出口关，加强过程管理"为基本管理方法，制定岗位任职资格和胜任能力标准，严格规范招聘管理程序，将劳动用工风险关口前移，认真做好招聘人选的资格审核和政审，确保招聘质量。在做好"加法"的同时，更加注重"减法"的应用，建立试用期退出、日常考核退出、年度考核退出、任期考核退出等多渠道的退出机制。加强绩效考核过程管理，充分发挥直线经理在员工的考核管理中的主导作用，切实做好绩效考核结果应用，对绩效考核为"不胜任工作"的情形及时予以降岗、调岗等处理。公司近年来的人员流动率均超过 10%，形成市场化的人才队伍优化机制。**中国联通**建立管理人员市场化选聘和退出机制，各级管理人员退出率达到 14.3%，其中，二级机构正副职退出率为 63%，总部三级经理退出率为 13.6%，各省中层干部平均退出率为 15%，退出合同制员 1071 人。中国联通始终保持集团党组管理人员每年 1.5%、员工 1%的常态化退出比例。

（三）建立有效的激励约束机制

通过绩效薪酬、弹性薪酬、工资总额备案制、员工持股、模拟股份制等激励机制，唤醒了沉睡的人力资本，实现激励相容，激发企业内生动力。

建立健全业绩导向、价值导向的薪酬分配机制，合理拉开薪酬差距。南方电网深圳前海蛇口自贸区供电有限公司（简称前海供电公司）根据业务发展需要探索强化激励机制，有效激发公司内生动力和发展活力。前海供电公司 2015

年 11 月 30 日成立，是全国首家增量配电网混合所有制供电企业，由深圳供电局、招商局蛇口工业区控股股份有限公司、深圳能之汇投资有限公司、云南文山电力股份有限公司、深圳市前海开发投资控股有限公司共同出资创建，汇聚了发电、电网运营、园区配套能力供应等多家优质企业资源。为了激发公司创建初期干部员工开拓业务的干事激情，前海供电公司针对高级管理人员、职能线员工以及业务线员工设计差异化薪酬激励机制，扩大经营业务考核权重，合理拉开收入差距，形成绩效与收入相匹配的职业发展渠道。此外，前海供电公司还试点"底薪＋激励"和"岗位工资＋绩效工资＋绩效"薪酬模式，实现报酬与业绩挂钩，薪酬弹性合理加大。队伍活力逐步凸显，组织内部创新活力得到激发，极大地推动了公司业务的快速发展。**中国联通**实施内部"双创"，结合一线生产场景，建立微组织，竞争性选拔"小 CEO"进行承包，搞活激励分配，为想干事、能干事的人提供广阔的平台，使中国联通从大公司回归到创业公司，让基层员工率先拥有更多获得感。截至 2018 年年底，中国联通有 154 万员工进入划小承包单元，选拔产生近 2 万名"小 CEO"，激励员工从本部转向划小承包单元。

探索实施股权类中长期激励，建立利益共享、风险共担的激励约束机制。例如，**中国电器科学研究院股份有限公司（简称中国电器院）**以"双层平台"方式探索建立员工持股制度。2016 年 11 月，国机集团争取了员工持股改革的指标，探索院所的转型升级，在机制体制上进行创新。中国电器院作为国机集团的重要研究院，曾在下属科技产业层面做过员工持股，之后因改革被收回，因此中国电器院对员工持股不陌生且员工积极性高。加之中国电器院发展经营情况较好，5 年前就符合上市条件，发展过程中对业务、组织架构等进行多次调整，发展潜力较大。经过与国资委的多轮汇报沟通，国机集团选择中国电器院作为员工持股试点。中国电器院的员工持股共有 453 人参与，占员工总数的三分之一，主要向一线业务和科研人员倾斜，采用了双层合伙制，即一个合伙制企业最多 50 人，将十几个合伙企业聚合成为合伙持股平台，并设立员工持股管理委员会，下设四大业务板块和一个管理板块，每个板块对应员工持股小组逐级负责。中国电器院员工持股制度存在动态调整机制，即股随岗变，岗位会发生变化调整，股随业绩变，每个版块的业绩不同，定期在持股平台内部调整。中国电器院在设计员工持股方案时，多次召开董事会和不同层面的职代会，充分吸收员工意见和建议，调动了员工积极性，为顺利实施员工持股营造了良好的氛围。

6.2.3　积极构建灵活高效的管控模式

混合所有制改革推动国有企业创新管控模式，尤其是母子公司管控模式。虽然每个混合所有制企业发展情况不同、发展方式各异，但是通过建立灵活高效差异化的母子公司管控模式以压缩管理层级、提高管理效率的发展路径是一致的，这为进一步做强做优做大国有资本提供坚实基础。

针对混合所有制企业建立灵活高效管控模式，提升运营效率。例如，**东航物流**改革授权体系，充分给予二级单位用工权限，极大提升了管控效率。东航物流建立了汇报线制度，打破了原有的层级管理模式并建立了授权管理手册，明确了生产经营活动相关 89 个方面的授权规则，解决了"能上不能下"的问题。此外，东航物流建立了基于全面预算的管控模式，对二级单位在用工上给予充分授权，由二级单位基于预算自主决定人员的进出，解决了人员"能进不能出"的问题。

葛洲坝集团因企施策，灵活运用治理管控模式，实现混合所有制企业责权清晰、有效制衡、协调运转。葛洲坝集团在公司具备优势的行业全面接管其治理和管理工作，充分确保国有资产的安全和企业战略发展方向。葛洲坝集团所属水泥公司具有较强的核心竞争优势，利用国家产能调整化解落后产能的改革政策，主动承担产业结构调整重任，积极推进兼并重组，提高产业集中度。目前，葛洲坝集团所属 11 家混合所有制企业，大多数为水泥生产企业，运营管理具有同质化特点。水泥公司通过科学分析，结合自身优势，在所属公司实施

"1411"运营型集中管理模式，即对混合所有制企业战略规划、投资决策、企业治理、经营计划、财务管理、人力资源、质量品牌、市场营销、集中采购、技术研发、企业标准、企业审计、风险控制、企业文化 14 个方面实现统一管理，全面统筹调配各系统资源；实现对标管理分析会、经济活动分析会、生产计划会、供应管理会、销售管理会、安全质量管理会"六会合一"，搭建大企业平台、能源管理系统、销售管理系统、财务供应链系统、生产自动化系统、商混管理系统并行的信息化系统管理平台，全面掌握混合所有制企业的日常经营，实现对混合所有制企业的关键环节有效管控，促进运营效率提升，确保混合所有制企业的发展符合水泥公司的战略思路、发展方向和决策部署。

对于不具备技术、人才、管理优势的公司，葛洲坝集团通过董事会对战略思路、基本制度、重大决策、经营计划、经理层选用、监督考核、激励约束、企业文化等方面进行管控，在确保国有资产安全的前提下，将日常经营和管理合理授权给经理层负责，充分释放企业经营活力。

内蒙古第一机械集团有限公司（简称内蒙一机）建立与混合所有制运行相适应的母子公司管控体系。按照"依法合规、协调顺畅、体系规范"的思路，内蒙一机逐步理顺母公司与一机股份及其他子公司的关系，实现平稳过渡衔接。内蒙一机以提高运营效率和整体收益最大化为目标，在战略规划、投资决策、资源配置、人事任免、薪酬管理、财务管理、权益管理、质量管理等方面设定科学合理的管控模式，搭建战略协同、资源共享、层次明晰的母子公司管控架构，逐步建立起母公司决策科学高效、子公司自主经营、良性发展、运行高效的母子公司管控模式。

中国建材在对混合所有制企业的管理整合中，不断创新管理方法和管理工具，建立起一整套符合集团特点的管控模式。中国建材创新提出"格子化管控"，将所属企业的职能分工、经营模式和发展方向固定在相应的格子里；推行"八大工法"（五集中、KPI、零库存、辅导员制、对标优化、价本利、核心利润区和市场竞合）、"六星企业"（业绩良好、管理精细、环保一流、品牌知名、先进简约、安全稳定）等一系列行之有效的管理整合方法，外抓市场，内控成本，在保证重组成功的同时，有效提升企业竞争力。中国建材在整合南方水泥过程中，推行"对标优化"的创新管理模式，通过与国内外一流企业进行对标，提升企业运营效率，实现系统优化；在以销定产的大思路下，推行零库存管控，科学配置产能利用率，避免资源浪费和资金占用，维护稳定的市场价格，提升整体管理水平。

6.2.4　大力推动业务融合和商业模式创新

国有企业通过混合所有制改革有效发挥战略投资者、产业投资者等各方面的资源优势和市场优势，推动自身不断提升灵敏捕捉市场需求能力，帮助自身更迅速地发现市场机会，更高效地配置资源，加速培育新增长点和发展新动能，实现主业突出和核心竞争力提升。

借助战略投资者的资源优势创新商业模式，构建产业生态圈，实现主业做强做优。例如，**中国联通**充分借力互联网公司等战略投资者的资源优势，创新业务模式，实现业务领域的全面开花。**在渠道触点方面**，与腾讯、阿里巴巴、京东、百度等互联网公司开展线上触点合作（2I2C业务）。中国联通首创电信业与互联网企业融合低成本获取用户的新模式，实现了营销方式互联网化，有力地改善了用户口碑。2I2C业务发展成效显著，截至2018年年底，2I2C用户达到9400万户，完成收入339.5亿元，进一步改善了市场成本结构，提升了公司的盈利能力。**在零售体系方面**，与阿里巴巴、京东和苏宁展开合作。中国联通在上海、广东、四川、江苏、天津等地开展新零售门店试点，日均客流量、发展量及商品销量均显著提升。**在视频内容方面**，推进联通视频公司合资合营工作，与腾讯、百度、北京爱奇艺科技有限公司（简称爱奇艺）、百视通网络电视技术发展有限责任公司、央视爱上等公司进行沟通。中国联通与腾讯合作推出腾讯视频会员权益联合营销活动，启动全方位营销推广；启动"无限畅视"产品推广，与优酷（隶属于阿里巴巴旗下）、爱奇艺、PPTV网络电视等开展合作。**在金融支付方面**，与阿里巴巴、腾讯、百度、京东、苏宁开展合作。通过合作，将中国联通的支付能力以及消费信贷能力嵌入合作方的应用场景。

在云计算方面，将中国联通品牌和客户优势与腾讯、阿里巴巴技术优势相结合，相互赋能，相互导流。中国联通以"沃云"品牌为客户提供基于云计算全产业的产品、服务和解决方案，突出"云网一体化"优势，带动云网收入快速增长；联合打造的公有云服务平台自2018年2月1日上线以来，累计提供了约53款云计算产品，带来公有云新增收入超亿元，并以1∶4的杠杆撬动基础业务发展，全面助力中国企业"上云"。**在大数据及人工智能方面**，与阿里巴巴、腾讯、百度、京东、苏宁开展业务合作。中国联通在金融风控、精准营销方面与合作方开展深度合作，共同对外提供数据报告以及行业应用支撑。**在物联网方面**，与阿里巴巴、腾讯、百度、京东、苏宁等聚焦物联网安全、人工智能、消费电子以及智慧家居等业务领域，共同研究探索。**在基础通信方面**，中国联通努力成为互联网战略投资者基础电信业务的"后花园"。战略投资者的新增市场优选中国联通，存量市场逐步转换为中国联通的市场。目前，中国联通在各投资者中的业务份额为百度20％、腾讯27％、阿里巴巴30％、苏宁50％。

在资本合作方面，与阿里巴巴、网宿科技、中国人寿、腾讯等推进合作。中国联通与阿里巴巴成立合资公司，共同拓展产业互联网市场；与网宿科技成立合资公司，进行CDN（内容分发网络）专业化运营；与中国人寿、腾讯推进"大健康"合作项目、探讨互联网保险公司等。

内蒙一机通过混合所有制改革，积极追求高质量发展，以打造具有核心竞争力的一流军工企业为目标，推进战略性业务结构调整。一是强力推进科技创新。内蒙一机把科技创新作为引领发展的第一动力，遵循市场规律，科学制定科研发展规划，有效推进军民品科技创新，加快建设具有内蒙一机特色的科技创新体系；加大科研投入，开发适销对路的产品，推动产品和技术升级；加大与科研院所、高等院校等外部资源合作，借助外力提升自身的创新水平；建立市场化的科研竞争激励机制，激发创新活力，拓展发展空间，促进科技成果转化，带动产业转型升级。二是深度推进智能化制造。内蒙一机提高数字化协同研发平台应用，完善科研试制试验条件，缩短产品研制周期，提高研发质量；做好信息化、数字化建设顶层规划，优化产品制造工艺，以"先精益化、后数字化"为原则，按照"点－线－面－体"的路径，统筹规划、分步实施，最终实现全面数字化。

东航物流融合非国有战略投资者的产业链上下游资源，转型发展成为现代航空物流服务集成商。随着"大云物移智链"等新技术不断发展和物流产业的更新迭代，传统的航空货运模式难以为继，现代航空物流已经形成了"大数据＋现代仓储＋落地配"的新型商业模式。通过混改，东航物流依靠航空货运网络和地面航空货站优势，融合非国有战略投资者的大数据应用、第三方物流、物流仓储和落地配送网络等多个航空物流产业的上下游资源，根据市场需求，快速推进供给侧结构性改革，转型发展为具有物流产业生态圈竞争力、创新商业模式、布局全国、着眼全球的现代航空物流服务集成商。此外，把全货运经营和客机腹舱经营相结合，能够更好地利用东航集团现有的航线网络，产生更大的规模经济效应。一方面，东航物流通过整合全货机资源和客机腹舱资源，实现航空货运资源专业化经营，推动产能效益最大化，快速形成布局全球的航空货运网络体系，全力赶超联合包裹运送服务公司（UPS）、美国联邦快递公司（FedEx）；另一方面，通过承包经营方式彻底解决同业竞争问题，既可以实现东航股份和东航物流的双赢，又能为下一步完成东航物流混改上市的第三阶段任务奠定基础。

6.3　未来展望

国有企业积极引进各类战略投资者，以引资本促进转机制，初步建立了有效制衡的公司法人治理结构和灵活高效的市场化经营机制，企业活力大幅增强，经营效益不断提升，取得了积极进展和成效，也为其他混合所有制企业转变经营机制提供了有益参考和经验借鉴。

6.3.1 构建 "一股领先，相对制衡" 的多元化股权结构

作为一种富有活力和效率的资本组织形式，混合所有制不仅促成了国有企业与其他所有制形式资本的融合，更能够通过股权结构多元化推动了国有企业内部治理机制的变革，实现资本"形混"和制度"神混"的统一。

首先是实现了均衡合理的股比架构。通过引入战略投资者、产业投资者、开展员工持股等方式，试点企业得以实现股权结构的实质性调整，有效解决了过去国有股"一股独大"的问题，构建了"一股领先，相对制衡"的多元化股权结构。在中央企业2013年以来实施的混改项目中，混改后非公资本平均持股比例为37％，60％项目中非公资本持股比例超过33％。

其次是建立了有效制衡的治理机制。试点企业普遍科学设计股权结构，积极吸收非国有股东和中小股东参与公司治理，为公司治理有效制衡、经营决策科学高效创造了条件。大量混合所有制企业按照混改后股权结构改组董事会，吸收非国有股东参与公司治理。国有股东根据法律法规和公司实际情况，与其他股东充分协商，合理制定章程条款，切实维护各方股东权利，并推动发挥非公有资本股东的积极作用，依法确定非公有资本股东提名和委派董事、监事的规则，建立各方参与、有效制衡的董事会，促进非公有资本股东代表能够有效参与公司治理。总体来说，混合所有制企业在保证国有股股东控制权的同时，对于投资人最为关注的管理层人员聘用、关联交易等重大事项，保证了非国有股股东依法行使的否决权，充分发挥和保障董事会在公司法人治理结构中的决策作用，形成定位清晰、权责对等、运转协调、制衡有效的法人治理结构。

6.3.2 持续构建完善市场化激励约束机制

"混"为前提，"改"见真章，通过"引资本"实现"转机制"，混合所有制改革要求企业在完善市场化激励约束机制方面进行富有成效的多样化探索，积

累丰富的制度性经验。

首先，要完善市场化选人用人制度，实现管理人员能上能下。在国有企业实施混改，就要求对高级管理人员探索实施职业经理人制度，按照市场化、专业化要求公开竞聘、择优录用，通过推动混合所有制企业在更大范围实行经理层成员任期制和契约化管理，积极探索建立与市场接轨的经理层激励制度。树立正确的选人用人导向，建立健全内部管理人员考核评价机制，实现"能者上、庸者下、平者让"。完善职业发展通道，为内部管理人员搭建能上能下的平台。

其次，要建立有效激励约束机制。要通过绩效薪酬、弹性薪酬、工资总额备案制、员工持股、模拟股份制等激励机制，唤醒沉睡的人力资本，实现激励相容，激发企业内生动力。同时合理确定用工总量，盘活用工存量，畅通进出渠道，构建正常流动机制，不断提升用工效率和劳动生产率。

最后，要打破内部用工平均主义。落实中央企业工资总额管理制度改革要求，建立健全与劳动力市场基本适应、与企业经济效益和劳动生产率挂钩的工资决定和正常增长机制。切实落实按劳分配理念，完善市场化薪酬分配制度，优化薪酬结构，坚持向关键岗位和核心骨干倾斜，坚持与绩效考核紧密挂钩，合理拉开收入分配差距，打破高水平"大锅饭"。

6.3.3　构建治理型管控模式

随着混合所有制改革的推进，企业层面的相关利益主体及实施管理影响的主体数量不断增多，这对混合所有制企业的管控方式转变产生重要影响。由于企业实现整体发展需要协同效应和资源系统配置，传统的行政化管控方式已经无法适应混合所有制企业的发展需要，建立健全高效科学治理型管控方式将成为混合所有制企业机制转变的重要内容。

国有企业要科学合理界定与混合所有制企业的权责边界，避免"行政化""机关化"管控，加快实现从"控制"到"配置"的转变。国有股东要在现代企业制度框架下按照市场化规则，以股东角色和身份参与企业决策和经营管理，不干预企业日常经营。通过股东大会表决、推荐董事和监事等方式行使股东权利，实施以股权关系为基础、以派出股权董事为依托的治理型管控，加强股权董事履职支撑服务和监督管理，确保国有股权董事行权履职体现出资人意志。依法保障混合所有制企业自主经营权，落实董事会对经理层成员选聘、业绩考核和薪酬管理等职权。对于国有参股的混合所有制企业，结合实际健全完善管理体制、落实董事会职责权限、加强经理层成员和国有股权董事监督管理，并在公司章程中予以明确。通过构建有别于国有独资和全资企业管控模式的治理型管控方式，能够科学解决小股东不同利益诉求，真正实现决策制衡，在混合所有制企业推动形成民营资本和国有资本"你中有我、我中有你"的混合发展格局，打造新的竞争优势。

6.3.4　突出主责主业持续创新商业模式

通过混合所有制改革，要有效发挥战略投资者、产业投资者等各方面的资源优势和市场优势，加快国有企业从非主业领域、缺乏竞争优势的领域及一般产业的低端环节退出，推动产业链、价值链关键业务的重组整合，实现主业突出和核心竞争力提升。

以围绕主业、坚持问题导向为原则，甄选战略投资者，充分发挥战略投资者协同作用，推动产业链、价值链关键领域业务重组整合，实现布局结构调整、商业模式创新，放大国有资本的带动力和影响力。总体来说，通过混合所有制改革，国有企业发展主业过程中能够通过撬动数量可观的优质非国有资本，引入产业链价值链的协同力量和升级要素，实现业务融合和商业模式创新，大幅度提升资产效益和劳动生产率，实现国有资产保值增值，为进一步做强做优做大国有资本奠定基础。

约束机制篇

优化市场化激励

人才兴则民族兴，人才强则国家强，人才资源作为第一资源，直接关系着企业的经营发展成效。推进人力资源合理配置、优化人才队伍结构、提高人才队伍素质、激发人才活力已成为国有企业改革发展的重要基础和关键所在。

近年来，随着国资国企改革的加速推进，人才发展体制机制改革也在不断深化，其中市场化职业经理人制度与中长期激励机制作为改革重点，也早已被提上日程。2015年，中共中央、国务院印发《中共中央国务院关于深化国有企业改革的指导意见》，要求建立国有企业领导人员分类分层管理制度，推行职业经理人制度；实行与社会主义市场经济相适应的企业薪酬分配制度，采取多种方式探索完善中长期激励机制。目前，已有多家央企在建立职业经理人制度和推行中长期激励机制方面进行了有益探索，但由于相关举措实施时间尚短，加之在实施过程中难免会受到原有经营体制限制、被固有思想所束缚，当前国有企业的市场化激励约束机制仍然存在着覆盖范围较小、配套制度措施不到位、市场化程度不足等问题，制约了国有企业人才发展体制机制转型变革。

本篇选取了当前国有企业人才体制机制改革中受到广泛关注、实施过程较为复杂、实施难点较多的职业经理人制度、科技型企业中长期激励机制以及国有控股上市公司股权激励机制3个主题开展探讨与研究，梳理相关政策发展脉络、着重分析当前国有企业在开展市场化激励约束机制过程中遇到的难点与问题，并提出针对性建议，有效推进国有企业人才体制机制改革。

7

完善职业经理人制度

7.1 改革历程

职业经理人制度建设是深化国有企业改革中的一项重要改革任务，随着国企改革的深入，如何在国有企业建立职业经理人制度也逐渐明朗。

（一）阶段一：起步期（2002—2012 年）

十八届三中全会以前，虽然"职业经理人"的字眼尚未出现在正式文件当中，但是对国有企业经营管理人员职业化、市场化的要求已逐步显现。《2002—2005 年全国人才队伍建设规划纲要》及《国家中长期人才发展规划纲要（2010—2020 年）》均提出，要建立健全企业经理层的任期制、聘任制和任期目标责任制，同时提出要完善配套的考核评价制度、薪酬激励机制、监督约束机制。此后，国有企业职业经理人制度建设也一直按照上述规划方向，逐步细化完善。

（二）阶段二：发展期（2013—2015 年）

十八届三中全会《中共中央关于全面深化改革若干重大问题的决定》明确提出，国有企业要建立职业经理人制度，合理增加市场化选聘比例。2015 年，国企改革纲领性文件《中共中央国务院关于深化国有企业改革的指导意见》提出"推行职业经理人制度，实行内部培养和外部引进相结合，畅通现有经营管理者与职业经理人身份转换通道，董事会按市场化方式选聘和管理职业经理人，合理增加市场化选聘比例，加快建立退出机制"，职业经理人制度建设成为国有企业改革的重要抓手。

（三）阶段三：完善期（2016 年至今）

2016 年，国资委将"推进职业经理人制度"改革定为十项改革试点之一，同年，《关于深化人才发展体制机制改革的意见》提出要"研究制定在国有企业建立职业经理人制度的指导意见"，中央企业及地方国有企业开始在下属各级单位开展职业经理人制度的尝试，改革的艰难也在实践中显现。

2017 年，《国务院办公厅关于进一步完善国有企业法人治理结构的指导意见》（国办发〔2017〕36 号）提出"根据企业产权结构、市场化程度等不同情况，有序推进职业经理人制度建设"，对职业经理人制度的适用企业类型进行了限定，"有序推进"也侧面体现出职业经理人制度在国有企业的不适应性。此后，职业经理人制度在《国务院关于印发改革国有资本授权经营体制方案的通知》《国务院国资委授权放权清单（2019 年版）》等文件中出现，但均未对职业经理人制度的具体落地方式进行阐述。

2020 年，《"双百企业"推行职业经理人制度操作指引》出台，用以指导"双百企业"职业经理人制度建设，明确了国有企业推行职业经理人制度的操作流程和操作要点。但从适用企业范围来看，仍持比较审慎的态度，支持"鼓励主业处于充分竞争行业和领域，人力资源市场化程度较高，建立了权责对等、运转协调、有效制衡的决策执行监督机制，董事会重大决策、选人用人、薪酬分配等权利依法得到有效落实"的"双百企业"加快推行职业经理人制度，鼓励未纳入国企改革"双百行动"的中央企业所属各级子企业和地方国有企业，参考操作指引积极推进相关工作。可以看出，经过多年探索，国有企业推行职业经理人制度在操作流程上已逐渐明晰，但受制于企业所属行业竞争程度、人力资源市场化程度、公司治理完善程度以及企业文化相容程度等因素，在国有企业推行职业经理人制度仍然艰难。职业经理人制度建设相关政策梳理见表 7 - 1。

表 7 - 1　　　　　　　　职业经理人制度建设相关政策梳理

序号	政策文件	核　心　内　容
1	中共中央、国务院《2002－2005 年全国人才队伍建设规划纲要》（2002 年 5 月）	（1）努力建设高素质、职业化的企业经营管理人才队伍。 （2）全面实行企业经营管理者聘任制，加速企业经营管理者的市场化配置。 （3）实行企业经营管理者任期制和任期目标责任制，建立符合企业特点的考核评价制度，健全有效的监督约束机制

序号	政策文件	核 心 内 容
2	中共中央、国务院《国家中长期人才发展规划纲要（2010－2020年）》（2010年6月）	（1）以战略企业家和职业经理人为重点，加快推进企业经营管理人才职业化、市场化、专业化和国际化。 （2）采取组织选拔与市场化选聘相结合的方式选拔国有企业经理层高管，不断完善薪酬机制，尤其是中长期激励制度，如协议工资制度和股权激励等，建立健全企业经理层的任期制、聘任制和任期目标责任制，实行契约化管理
3	《中共中央关于全面深化改革若干重大问题的决定》（2013年11月）	（1）建立职业经理人制度，更好发挥企业家作用。 （2）国有企业要合理增加市场化选聘比例，合理确定并严格规范国有企业管理人员薪酬水平
4	《中共中央国务院关于深化国有企业改革的指导意见》（2015年9月）	（1）推行职业经理人制度，实行内部培养和外部引进相结合，畅通现有经营管理者与职业经理人身份转换通道，董事会按市场化方式选聘和管理职业经理人，合理增加市场化选聘比例，加快建立退出机制。 （2）坚持党管干部原则与董事会依法产生、董事会依法选择经营管理者、经营管理者依法行使用人权相结合，不断创新有效实现形式；对市场化选聘的职业经理人实行市场化薪酬分配机制，可以采取多种方式探索完善中长期激励机制
5	《国务院关于国有企业发展混合所有制经济的意见》（2015年9月）	提出推行混合所有制企业职业经理人制度，通过市场化方式选聘职业经理人依法负责企业经营管理，按照市场化原则决定薪酬，采取多种方式探索中长期激励机制，严格任期管理和绩效考核
6	中共中央《关于深化人才发展体制机制改革的意见》（2016年3月）	（1）合理提高国有企业经营管理人才市场化选聘比例，畅通各类企业人才流动渠道。 （2）研究制定在国有企业建立职业经理人制度的指导意见。 （3）完善国有企业经营管理人才中长期激励措施
7	《中华人民共和国国民经济和社会发展第十三个五年规划纲要》（2016年3月）	建立国有企业职业经理人制度，完善差异化薪酬制度和创新激励
8	国务院《国务院办公厅关于进一步完善国有企业法人治理结构的指导意见》（2017年4月）	（1）充分发挥企业家作用，造就一大批政治坚定、善于经营、充满活力的董事长和职业经理人。 （2）根据企业产权结构、市场化程度等不同情况，有序推进职业经理人制度建设，逐步扩大职业经理人队伍，有序实行市场化薪酬，探索完善中长期激励机制，研究出台相关指导意见。国有独资公司要积极探索推行职业经理人制度，实行内部培养和外部引进相结合，畅通企业经理层成员与职业经理人的身份转换通道

续表

序号	政策文件	核 心 内 容
9	《国务院关于印发改革国有资本授权经营体制方案的通知》（2019 年 4 月）	授权国有资本投资、运营公司董事会负责经理层选聘、业绩考核和薪酬管理（不含中管企业），积极探索董事会通过差额方式选聘经理层成员，推行职业经理人制度，对市场化选聘的职业经理人实行市场化薪酬分配制度，完善中长期激励机制
10	《国务院国资委授权放权清单（2019 年版）》（2019 年 6 月）	（1）支持中央企业所属企业按照市场化选聘、契约化管理、差异化薪酬、市场化退出的原则，采取公开遴选、竞聘上岗、公开招聘、委托推荐等市场化方式选聘职业经理人，合理增加市场化选聘比例，加快建立职业经理人制度。 （2）支持中央企业所属企业市场化选聘的职业经理人实行市场化薪酬分配制度，薪酬总水平由相应子企业的董事会根据国家相关政策，参考境内市场同类可比人员薪酬价位，统筹考虑企业发展战略、经营目标及成效、薪酬策略等因素，与职业经理人协商确定，可以采取多种方式探索完善中长期激励机制
11	国务院《"双百企业"推行职业经理人制度操作指引》（2020 年 1 月）	（1）职业经理人是指按照"市场化选聘、契约化管理、差异化薪酬、市场化退出"原则选聘和管理的，在充分授权范围内依靠专业的管理知识、技能和经验，实现企业经营目标的高级管理人员。 （2）"双百企业"推行职业经理人制度的操作流程包括：制定方案、履行决策审批程序、市场化选聘、签订契约、开展考核、结果应用。 （3）明确了市场化选聘、契约化管理、差异化薪酬、市场化推出、监督管理等环节的操作要点

7.2　先进实践

7.2.1　积极拓展内外部选聘途径

职业经理人的选聘途径总体来看可以分为内部选聘和外部选聘两类。内部选聘可采用身份转化和系统内招聘两种操作方式。身份转化，即将该单位原有干部身份的高管人员转为职业经理人。系统内招聘，即面向企业集团内部，采用公开招聘形式选拔职业经理人。

外部选聘可采用通过混改引入民营企业职业经理人和外部社会化招聘两种方式。通过混改引入民营企业职业经理人，即通过兼并、收购等方式，在引入民营资本的同时，引入民营企业职业经理人团队。外部社会化招聘，即面向社会公开招聘。中央企业职业经理人选聘途径见表7-2。

表7-2　　　　　　　中央企业职业经理人选聘途径

途径	内部选聘		外部选聘	
	身份转化	系统内招聘	混改引入	社会招聘
形式	企业内部现有经营管理者身份转化	从企业集团内部选拔	民营企业经理人带身份进入	通过广泛社会招聘进行选拔
程序	提出申请、资格审核、自然免除、签订契约	发布公告、资格审核、测试、考察、公示、聘任	资格审核、测试、考察、公示、聘任	发布公告、资格审核、测试、考察、公示、聘任
典型案例	中化集团、中粮集团	中国宝武、新兴际华	中国建材	招商局集团
适用范围	内部管理系统比较成熟的企业	行业壁垒性强、公益类国有企业	充分市场竞争行业，已实现混合所有制改革企业	竞争性强，市场人才资源丰富的行业
使用频率	高	高	低	中

7.2.2　持续强化向董事会授权

合理健全的董事会治理结构和运转顺畅的治理机制是引入职业经理人制度的重要基础性条件。董事会治理结构和治理机制完善程度不同，职业经理人制度的引入模式和管理体制也不尽相同。

(1) 母公司获批相关试点、子公司董事会获母公司直接授权条件下的引进模式。

部分企业获得国企改革相关试点，形成了"国资委—母公司董事会—子公司董事会"三层次的逐层授权模式，子公司董事会获得职业经理人的选聘权、薪酬权、考核权等相关权力。例如，新兴际华将在集团经理层市场化选聘基础上，借助落实董事会职权的政策试点机遇，自上而下持续授权二级公司董事会完成所有二、三级公司职业经理人的市场化选聘、契约化管理。再如，国投集团将经理层的选聘和管理等70项决策权授予国投电力控股股份有限公司（简称国投电力）董事会，推动国投电力探索任期制、实行契约化管理，推动建立职业经理人制度。

(2) 母公司未获批相关试点、子公司董事会获母公司自主授权条件下的引入模式。

部分企业母公司并未获得国资委相关授权，但是由于企业自身具有改革意愿，集团母公司主动向子公司董事会授予职业经理人选聘权利。例如，南方电网通过自主探索，充分尊重其子公司南网能源公司董事会依法选择经营管理者的权利，由南网能源公司董事会主导制定方案，开展选拔、面试，选聘职业经理人，积极引入职业经理人制度，对职业经理人实行契约化管理和任期制，薪酬水平与行业水平以及绩效挂钩。

(3) 先引入职业经理人，再逐渐完善相关管理体制的模式。

部分企业在引入职业经理人制度方面采用先快速引入、再持续完善的理念。例如，中石化销售公司曾在未成立董事会的条件下，从实际业务拓展需求出发，直接引入三级企业或部分重要业务领域的职业经理人，实行契约化管理。随着中央企业公司治理的不断完善，这种未成立董事会就引入职业经理人的情况已基本不存在，但是在董事会未充分获得选人用人权和薪酬分配权的情况下，引入职业经理人，根据职业经理人任职情况不断完善公司治理及管理体制的情况，仍然广泛存在。

7.2.3 推动市场化薪酬

采用契约化管理，对职业经理人实行聘任制，企业在与职业经理人签订劳动合同的同时，签订聘任合同和经营业绩责任书，明确考核任期、考核指标和考核方式。与市场化考核相对应的是市场化薪酬，推行职业经理人制度的企业一般采取市场化对标方式，实行差异化薪酬，根据业绩考核结果确定并兑现绩效薪金。

以国投电力为代表，通过制定相关业绩考核办法和薪酬管理办法，不断完善"强激励、硬约束"的业绩考核与薪酬管理机制。国投电力先后制定了《子公司推行职业经理人制度指导意见（试行）》《薪酬管理办法》和《业绩考核管理办法》。国投电力董事会与职业经理人签订《职业经理人劳动合同》《职业经理人聘用合同》《年度绩效合约》《任期绩效合约》，明确双方权责、聘期、业绩目标、合同解除或终止条件和责任追究等内容。采取市场化原则确定薪酬激励水平，将职业经理人薪酬水平与市场对标，根据市场分位确定薪酬分位，实现"业绩升、工资升，业绩降、工资降"的目标。

7.2.4　完善市场化退出机制

从退出的发起方来看，职业经理人的退出可以分为主动退出和被动退出。主动退出，即职业经理人在合同期满后不再续签合同，或在合同期未满前主动提出终止合同的情况。被动退出，即因职业经理人绩效不佳、违法违纪、企业战略调整等原因，由企业主动提出提前终止合同或合同期满不再续签合同的要求。在企业实际操作中，推行职业经理人制度的企业均会通过聘任协议约定职业经理人的退出条件，如中化集团、中粮集团等企业实行末位淘汰制；华润集团设立"公司十诫"明确企业严格禁止的行为，一旦触犯则辞退；中海油对所属尼克森等公司，还约定了无理由解除劳动合同的相关条款。

从退出渠道来看，职业经理人的退出可以分为外部退出和内部退出。外部退出是指职业经理人直接退出该企业及公司系统；内部退出是指不再担任职业经理人职务，探索在保留身份的前提下，降低行政级别，通过转任其他职务、调动到集团内部或系统内其他单位、降职为普通管理或技术人员等方式，继续供职于该企业。对于采用"一企两制"的企业，对于不同来源的职业经理人实行不同的退出方式，例如，中国东方电气集团有限公司在其东方迈吉公司，对集团内选聘的，任期届满未续聘时可回原单位安排工作，集团外选聘的，未续聘时依法解除劳动合同。

7.3 难点问题与深层原因

7.3.1 公司治理机制尚未实现高效运转

当前，尽管中央企业均已完成公司制改革，各级企业在形式上均建立了董事会，但事实上董事会建设还不完善、公司法人治理结构和机制仍有待进一步完善。部分企业董事会运作不规范，董事会中内部人仍占多数，外部董事数量不足或没有实际话语权，没有形成有效的制衡机制；部分集团对下属企业董事会的授权不足，没有充分下放重大决策、选人用人、薪酬分配等权利，对职业经理人的授权范围也主要集中在"事权"，职业经理人难以在"用人权"和"财权"方面获得真正授权，限制了职业经理人决策执行权的行使；部分企业的董事会与经理层的责权边界不够清晰，造成治理主体责任不清、混同运行，导致对职业经理人的价值评估、业绩考核等不够有效。公司治理结构和治理机制是职业经理人制度能否得以有效运行的基础，在体制基础不牢固的情况下，职业经理人的责权难以真正落实，职业经理人制度的优势也难以得到发挥。

7.3.2 党管干部原则实现形式有待创新

从组织形式来看，完善公司法人治理结构、促进公司治理机制有效运转，是中央企业实施职业经理人制度的基础。虽然"双向进入、交叉任职"是党组织参与公司治理的合理切入点，但是中央企业在交叉任职方面差别较大，缺乏规范性指导意见。因此，如何将企业党组织内嵌到公司治理结构之中，如何更好地明确和落实党组织在公司法人治理结构中的法定地位，对于这一关键问题，中央企业还未形成组织化、制度化的探索。在参与形式上，相关文件已经提出要保证党对干部人事工作的领导权和对重要干部的管理权，但是如何在市场化选聘职业经理人过程中体现党管理干部原则、有效发挥党的作用，企业的实践经验仍然不足。

7.3.3 "能上不能下" 等问题尚未有效解决

解决国有企业管理人员"下不来""出不去"的问题，是国企引入职业经理人制度的重要原因之一。无论是出资人机构选聘还是董事会选聘，如果经理人"不能下""不能出"，也只是形式上实现了职业经理人制，难以发挥市场化选人用人的作用。从企业实践看，问题仍普遍存在：第一，业绩考核结果运用缺乏刚性，或者即使有"硬标准"，有时也难以做到严格按聘任合同执行。第二，以职业经理人身份招聘的人，如果在班子中仅占少数，薪酬政策和管理模式往往难以真正与其他班子成员实现差异化，管理惯性增加了"下"和"出"的难度。第三，受国企文化的影响，随着工作时间的增加，部分职业经理人的职业价值观也逐渐被体制内的高管同化，更加追求稳定，对于"下"和"出"的思想顾虑和压力增大。

7.3.4 薪酬分配和激励的市场化程度不够

市场化激励的重点在于薪酬能增能减，但因各种原因，企业在薪酬分配上，往往没有实现多劳多得，也没有合理拉开薪酬差距，难以真正起到激励作用。从薪酬水平来看，中央企业职业经理人的薪酬水平与外部市场化企业相比，缺乏竞争优势；从内部薪酬分配来看，企业需要兼顾高管与一般员工的利益平衡，受工资总额限制，除部分试点企业外，全面推行市场化薪酬改革的空间较小，因此只能针对极少数职业经理人实行协议薪酬，内部薪酬不公平的问题凸显。另外，资本市场不完善、企业内部需平衡、社会舆论敏感性等因素，也在一定程度上制约了股权激励等中长期激励的效果。

7.3.5　职业经理人市场尚不成熟

职业经理人作用的发挥有赖于开放、有序、高素质的人才供给市场，但是目前我国职业经理人市场尚不成熟，体制内、体制外两个市场相对分割，且均存在问题。体制外的问题主要表现为：①职业经理人职业化、市场化程度较低，素质高、能力强的职业经理人市场供给不足；②猎头公司掌握的职业经理人储备库不完备，且国有企业难以对猎头公司的经营行为形成有效约束；③职业经理人诚信体系不完善，薪酬等市场信息披露不充分，侵害公司权益等行为时有发生，且失信行为在法律上较难追究。从体制内来看，大部分企业尚未建立有效的内部职业经理人培养机制，内部经营管理人才的职业素养和职业能力无法满足企业对职业经理人的迫切需要，无法为企业提供有力的内部职业经理人人才供给。

7.4　完善举措

7.4.1　分类引入职业经理人制度

进一步规范公司法人治理结构，优化公司治理机制。企业需要按照现代企业制度要求，规范企业股东会、董事会、监事会和经理层的权责，明晰各自的权责边界，形成权力机构、决策机构、监督机构和经营管理者之间的制衡机制。

根据企业功能定位，分类引入职业经理人制度。将商业一类企业与商业二类企业区分开来，对于商业一类企业，其处于竞争性行业，可以探索逐步向其董事会授权，赋予其在市场化选聘职业经理人方面更大的自主权，提升市场反应能力；对于商业二类企业，可以探索自主向其市场化程度较高的业务板块的董事会授权，优先引入职业经理人制度，根据实际运行和试点情况，然后逐步拓展至竞争性程度较低的业务板块。

7.4.2 推动党管干部与职业经理人制度相结合

如何既坚持党管干部原则，又能保持市场化选聘的职业经理人的相对独立性，是实现有效结合的关键，为此，应重点做好"三个结合"，即坚持党管干部原则与董事会选择经营管理者、经营管理者依法行使用人权相结合，发挥现代企业制度优势与发挥党的组织优势相结合，组织考察推荐与引入市场机制相结合。建立职业经理人制度后，企业应对党组织的选人用人职责做出调整。按照管理权限，党组织的主要职责应包括：①制定职业经理人选拔标准和选拔程序；②面向集团内部分专业建立职业经理人"人才池"；③职业经理人选聘过程中，向董事会差额推荐人选，参与拟任人选考察，并对职业经理人实行任前备案管理；④监督董事会和经理层依法行使权利，必要时行使否决权等。

7.4.3 加强契约化管理

契约化管理是落实职业经理人制度的关键抓手，国务院《"双百企业"推行职业经理人制度操作指引》已经对职业经理人契约化管理的关键操作要点进行了明确，要求企业与职业经理人签订劳动合同、聘任合同和经营业绩责任书（年度和任期），并对薪酬支付方式给予了建议。但是企业在具体实践中，还应注意以下几方面：

（1）在考核方面，企业应结合所处发展阶段、行业特点、岗位履职要求，设置"一岗一策"的精细化、个性化考核指标。应兼顾财务指标与非财务指标，年度考核可侧重财务指标，任期考核应侧重对职业经理人的综合评价，考察其能力素质、职业操守和履职表现，并对职业经理人的岗位适配性和发展潜力进行全面评估。对于市场化程度较高的企业，可逐步引入市场评价机制，如参考资本市场对企业的研究报告，在业绩考核中引入市值指标，评估职业经理人工作业绩的市场价值。对于处于初创期的企业，可以加大职业经理人在业绩目标设定中的参与度，建立绩效目标动态调整机制，激发企业家精神。

（2）在薪酬方面，兼顾薪酬的外部竞争性与内部公平性，合理设定职业经理人薪酬与绩效考核结果的关联程度，合理拉开薪酬差距。加强中长期激励机制建设，从外资企业及民营企业聘用职业经理人的经验来看，股权、期权、分红权等中长期激励的比重往往占职业经理人总体薪酬的一半以上。尽管受制于国有企业薪酬制度等客观约束条件，仍建议有条件的企业或相关政策的试点企业，加大中长期激励在职业经理人全部薪酬结构中比重，或探索超额利润分享、薪酬延期支付等薪酬支付方式，形成出资人与职业经理人的利益捆绑。探索建立职业经理人薪酬追索回扣制度，约定当职业经理人发生违约、违纪、违法行为，或因履职不利而对企业造成重大经济损失时，企业有权减少或取消绩效年薪及任期激励，从而增加企业对职业经理人的行为约束，限制不合理薪酬。

7.4.4　强化风险管理

强化契约约束，降低契约风险。严格执行契约是约束职业经理人行为、防范职业风险的重要手段，企业在与职业经理人协商签订聘任合同时，不仅要明确职业经理人的职责范围、权利边界和履职目标，还要对不被允许的行为及其违约责任作出规定，确保法律上具有可追溯性，从而使聘任合同具有实质性的约束力。同时，应与职业经理人签订保密协议与竞业限制协议，对保守企业商业秘密、不得在限制期内加入竞争对手企业等行为作出明确要求。一旦出现违约行为，双方无法协商解决的，应坚决诉诸法律途径，维护企业合法权益。

完善内部监督，降低执业风险。建立责任追究机制，董事会和党组织应加强对职业经理人履职行为的全过程监督，对于失职、渎职和其他违规违纪行为应严格追究。完善内控机制，发挥监事会、审计等监督部门的作用，强化纪检、巡视对职业经理人中党员的纪律监督。有条件的企业可以探索风险抵押金或执业风险金制度，即职业经理人以现金、有价证券或不动产作抵押，当出现重大经济损失或者企业经营失败且须由个人承担经济赔偿责任时，由风险抵押金或执业风险金予以赔付，实现出资人与经营者之间风险共担。

引入社会监督，降低信用风险。企业在与职业经理人签订契约前，应开展职业信用尽职调查。由于目前尚未建立有效的职业经理人信用披露机制，企业可委托中介机构开展针对职业经理人学历、工作经历、财务信用、犯罪记录等有关个人职业信用的背景调查，规避风险。探索建立职业经理人信用档案，将职业经理人的业绩情况、年度考评奖惩情况、信誉状况等汇总入档，同时，考虑到经营行为效果显现的滞后性，可以在职业经理人离职后持续跟踪公司经营情况，将一定时期内的经营指标补充至信用档案，促进外部信用监督体系的形成。

7.4.5　完善市场化退出

职业经理人的退出应以契约（即劳动合同、聘任合同和经营业绩责任书）为基本遵循，严格按照聘任合同和业绩考核结果进行奖惩，对于聘期届满未续聘的，企业与职业经理人之间的聘任关系自然解除。聘任合同中应事先就协商退出相关事宜做出约定，明确双方的离职补偿标准，若职业经理人因个人原因主动离职，应向企业支付经济补偿；若董事会主动提出终止合同，也需向职业经理人支付离职补偿。探索建立职业经理人履职行为"负面清单"制度，并在聘任合同中予以约定，一旦职业经理人触碰"红线"条款，一票否决，解聘退出。探索建立职业经理人职业禁入制度，对曾经有违法违纪、严重失信失职行为的职业经理人，终身或在限定期限内不允许其在国有企业担任管理职务。

完善职业经理人在国有企业之间的内部流动机制。对综合素质好、履职优秀的职业经理人，经双方同意，可以交流到其他企业担任董事长，也可以选聘其担任专职外部董事；对中央企业二三级公司的优秀职业经理人，可以平级调动到更重要的单位、部门或岗位，也可以晋升至上一级企业担任领导职务。通过拓展职业经理人的职业发展空间，进一步激励其干事创业热情，形成良好的职业化退出导向。

7.4.6   强化企业文化建设

企业应适应现代企业制度要求，坚持市场导向和效率导向，坚决摒弃"官本位"思想、弱化"干部身份"，深层次推动企业文化和国企改革发展深度融合，有序引导企业文化变革和管理创新，积极培育与职业经理人制度相适应的企业文化，大力宣贯契约观念和竞争理念，营造"能者上、平者让、庸者下"的工作氛围。积极引入容错机制，进一步优化制度创新空间，塑造尊重、信任、支持职业经理人的管理氛围，让职业经理人有职、有责、有权、有担当，能够心无旁骛的干事创业。大力弘扬企业家精神，对优秀职业经理人给予表彰宣传，增强职业经理人的职业成就感和荣誉感，充分发挥优秀企业文化的激励作用。

8

优化国有科技型企业
中长期激励机制

8.1 政策要求

2002 年，财政部、科技部联合下发《关于国有高新技术企业开展股权激励试点工作的指导意见》，国有科技型企业中长期激励试点工作正式拉开帷幕。2006 年，国资委、科技部、北京市政府下发《关于组织北京市中关村科技园区国有高新技术企业和企业化转制科研院所开展股权激励试点工作的通知》，并在此后的 4 年间下发了《关于在部分中央企业开展分红权激励试点工作的通知》（国资发改革〔2010〕148 号）等一系列相关文件。

2015 年《中华人民共和国促进科学成果转化法》的修订，有效推进国有科技型企业中长期激励工作进一步细化、深入。自 2016 年起，财政部、科技部、国务院国资委等部门基于试点工作，先后下发《关于印发〈国有科技型企业股权和分红激励暂行办法〉的通知》（财资〔2016〕4 号）、《关于做好中央科技型企业股权和分红激励工作的通知》（国资发分配〔2016〕274 号）、《中央科技型企业实施分红激励工作指引》（国资厅发考分〔2017〕47 号）、《关于扩大国有科技型企业股权和分红激励暂行办法实施范围等有关事项的通知》（财资〔2018〕54 号）等文件，进一步明确了国有科技型企业开展股权和分红激励的适用范围、适用条件、激励对象、激励方式、激励实施条件以及激励方案管理等。

8.1.1 适用范围

国有科技型企业范围的界定，一般是指《国有科技型企业股权和分红激励暂行办法》中对于国有科技型企业的定义，即"中国境内具有公司法人资格的国有及国有控股未上市科技企业（含全国中小企业股份转让系统挂牌的国有企业）"。

2018 年下发的《关于扩大国有科技型企业股权和分红激励暂行办法实施范围等有关事项的通知》中，将**国有控股上市公司所出资的各级未上市科技子企**

业纳入了激励范围，并将原有的国有科技型企业范围**由 3 类扩充至 5 类**，即国家认定的高新技术企业、转制院所企业及所投资的科技企业、高等院校和科研院所投资的科技企业、纳入科技部"全国科技型中小企业信息库"的企业、国家和省级认定的科技服务机构。

对于其他未纳入以上范围的其他国有科技型企业，则应依据《中华人民共和国科技成果转化法》《国有控股上市公司（境内/外）实施股权激励试行办法》《中央企业混合所有制改革操作指引》《"双百企业"推行经理层成员任期制和契约化管理操作指引》等文件的要求，结合企业自身实际情况选择适用于本企业的激励方式。国有科技型企业股权及分红激励适用范围见表8-1。

表 8-1　　　　　　　　国有科技型企业股权及分红激励适用范围

企业类别	定　义	文件依据	备注
国家认定的高新技术企业	根据《科技部　财政部　国家税务总局关于修订印发〈高新技术企业认定管理办法〉的通知》《科技部　财政部　国家税务总局关于修订印发〈高新技术企业认定管理工作指引〉的通知》认定的高新技术企业	（1）《科技部　财政部　国家税务总局关于修订印发〈高新技术企业认定管理办法〉的通知》（国科发火〔2016〕32号）；（2）《科技部　财政部　国家税务总局关于修订印发〈高新技术企业认定管理工作指引〉的通知》（国科发火〔2016〕195号）	
转制院所企业及所投资的科技企业	转制院所企业是指国务院部门（单位）所属科研机构已转制为企业或进入企业的主要从事科学研究和技术开发工作的机构，以及各省、自治区、直辖市、计划单列市所属已转制为企业或进入企业的主要从事科学研究和技术开发工作的机构	《国务院办公厅转发科技部等部门关于深化科研机构管理体制改革实施意见的通知》（国办发〔2000〕38号）	投资企业为2018年新增类别，暂无官方说明
高等院校和科研院所投资的科技企业	（1）高等院校、科研院所直接投资的科技企业；（2）高等院校、科研院所通过其独资设立的资产管理公司投资的科技企业	三部门关于《国有科技型企业股权和分红激励暂行办法》的问题解答	

企业类别	定　义	文件依据	备注
纳入科技部"全国科技型中小企业信息库"的企业	依托一定数量的科技人员从事科学技术研究开发活动，取得自主知识产权并将其转化为高新技术产品或服务，从而实现可持续发展的中小企业	《科技部　财政部　国家税务总局关于印发〈科技型中小企业评价办法〉的通知》（国科发政〔2017〕115号）	2018年新增类别，暂无官方说明
国家和省级认定的科技服务机构	科技服务机构的主要业务符合《国务院关于加快科技服务业发展的若干意见》（国发〔2014〕49号）规定的范畴，包括研究开发及其服务、技术转移服务、检验检测认证服务、创业孵化服务、知识产权服务、科技咨询服务、科技金融服务、科学技术普及服务等，并经国务院有关部委、直属机构或省（自治区、直辖市、计划单列市）有关部门认定	《国务院关于加快科技服务业发展的若干意见》（国发〔2014〕49号）	

8.1.2　激励方式

根据《国有科技型企业股权和分红激励暂行办法》，国有科技型企业中长期激励方式主要包含**股权出售、股权奖励、股权期权、岗位分红、项目收益分红**，且同一激励对象就同一职务科技成果或者产业化项目，企业只能采取一种激励方式、给予一次激励；《关于做好中央科技型企业股权和分红激励工作的通知》中鼓励中央科技型企业优先开展岗位分红激励，科技成果转化和项目收支明确的企业可选择项目分红激励，稳妥实施股权激励。

此外，在《"双百企业"推行经理层成员任期制和契约化管理操作指引》及《中央企业混合所有制改革操作指引》两份文件中，分别鼓励"双百企业"及混合所有制企业探索**超额利润分享、虚拟股权、跟投（项目跟投）**等中长期激励方式；《百户科技型企业深化市场化改革提升自主创新能力专项行动方案》

提出科技型企业可以大力推行**股权激励、分红激励、员工持股、超额利润分享、虚拟股权、骨干员工跟投**等中长期激励方式。

8.1.3 适用条件

相关文件主要从研发费用占比、科研人员占比、科技服务型收入占比等方面，对开展股权及分红激励的国有科技型企业的条件作出了细化限制和要求。对于采取其他激励方式的国有科技型企业，目前相关文件尚未作出明确要求。国有科技型企业股权及分红激励适用条件见表 8-2。

表 8-2　　　　　　　　国有科技型企业股权及分红激励适用条件

企业类别	研发费用 近 3 年研发费用占当年企业营业收入均在 3%以上	研发人员 激励方案制定的上一年度企业研发人员占职工总数 10%以上	科技服务性收入 近 3 年科技服务性收入不低于当年企业营业收入的 60%
国家认定的高新技术企业			
转制院所企业及所投资的科技企业	√	√	
高等院校和科研院所投资的科技企业	√	√	
纳入科技部"全国科技型中小企业信息库"的企业	√	√	
国家和省级认定的科技服务机构			√

此外，部分政策还从企业成立年限、税后利润情况、企业规模等方面，对上述适用范围内企业可利用的中长期激励手段进行了更加细化的条件限定：**成立不满 3 年的企业不得采取股权奖励和岗位分红的激励方式；实施股权奖励**还需满足"近 3 年税后利润累计形成的净资产增值额应当占近 3 年年初净资产总额的 20%以上，实施激励当年年初未分配利润为正数"的条件；**实施岗位分红**还需满足"近 3 年税后利润累计形成的净资产增值额应当占企业近

3年年初净资产总额的10%以上，且实施激励当年年初未分配利润为正数"的条件；**大、中型企业不得采取股权期权的激励方式**；此外，企业实施**股权奖励**，必须与股权出售相结合。国有科技型企业股权及分红激励特殊政策条件限制见表8-3。

表8-3　　　　国有科技型企业股权及分红激励特殊政策条件限制

激励方式	特殊政策条件限制
股权出售	—
股权奖励	企业成立满3年，且近3年税后利润累计形成的净资产增值额应当占近3年年初净资产总额的20%以上，实施激励当年年初未分配利润为正数
股权期权	大、中型企业不得采取
岗位分红	企业需成立满3年，近3年税后利润累计形成的净资产增值额应当占企业近3年年初净资产总额的10%以上，且实施激励当年年初未分配利润为正数
项目收益分红	—

8.1.4　激励对象

国有科技型企业股权及分红激励的对象是**与本企业签订劳动合同的重要技术人员和经营管理人员**，其中股权奖励的激励对象仅限于在本企业连续工作3年以上的重要技术人员，岗位分红激励对象应当在该岗位连续工作1年以上且每次激励人数不得超过企业在岗职工总数的30%；"双百企业"超额利润分享、虚拟股权、跟投的主要激励对象则主要为**经理层成员**。

8.1.5　激励额度

根据《国有科技型企业股权和分红激励暂行办法》相关条款，国有科技型企业的股权激励总额根据企业规模的大小分别不得超过企业总股本的5%、10%和30%，且单个激励对象获得的激励股权不得超过企业总股本的 3％；股权奖励额度不超过近 3 年税后利润累计形成的净资产增值额的 15％；项目收益分红应根据项目的收入产出及收益分配情况确定提取比例；岗位分红激励总额不高于当年税后利润的 15％，且激励对象获得的岗位分红所得不高于其薪酬总额的 2/3。相关政策目前尚未对其他激励方式的激励额度作出具体规定。

8.1.6 审批要求

根据相关政策要求，国有科技型企业股权及分红激励方案的审批流程为通过职工代表大会或其他形式听取职工意见和建议、将方案报送审批单位批准、将激励方案提请股东会审议、将相关材料报送审批单位备案。相关政策目前尚未对其他激励方式的激励方案审批要求作出具体规定。

8.2 激励方式

8.2.1 激励方式特点及优劣分析

中长期激励是指企业的所有者为激励经营管理者与员工共同努力，将员工的利益与企业长远（一般为 3～5 年）发展相联系，采用与股东价值挂钩、分期兑现的方式，对员工较长期内的业绩和贡献给予回报的激励方式，一般可分为现金型激励和股权型激励。

其中，国有科技型企业常用的中长期激励方式包括项目收益分红、岗位分红、股权出售、股权奖励、股权期权、虚拟股权、超额利润分享、项目跟投等。各种激励方式在实施难度、主要激励对象、激励效果等方面均存在差异，各单位可以根据政策条件限制、企业主营业务、科技成果转化阶段、企业竞争策略等选择适合本企业的中长期激励方式。国有科技型企业中长期激励方式、特点及优劣势见表 8-4。

表 8-4 国有科技型企业中长期激励方式、特点及优劣势

激励方式	定义	特点	优势	劣势
项目收益分红	以科技成果转化收益为标的，采取项目收益分红方式，对企业重要技术人员和经营管理人员实施激励的行为	必须具备明确的科技转化项目，且项目要求本身要有前期投入，主要关注与项目成果相关的收益奖励	激励对象精准，能够有效提高项目团队成员的积极性和创造力	（1）覆盖面小，涉及人员数量少，容易引起内部不平衡；（2）项目独立核算难度较高，特别是涉及前期研发投入的核算
岗位分红	以企业经营收益为标的，采取岗位分红方式，对企业重要技术人员和经营管理人员实施激励的行为	将企业整体的业务运行视为内部成果转化的过程，不要求有显性的项目成果，更关注持续性创新效益和工艺改进为企业整体运营释放的改革红利	以企业整体发展为目标，激励对象与分配方式与岗位挂钩，有利于鼓励集体协作，激发员工共同愿景和目标	操作不当易演变成为附加的绩效奖金或年终奖，弱化促进科技创新的作用，出现"大锅饭"现象
股权出售	由企业内部员工出资认购本公司的部分股权，通过股权的让渡，以未来的股价增值激励员工	公司激励成本较低，只涉及股权的让渡，无需支付现金	公司不需要支付激励成本，是公司成本最低的利益捆绑和激励措施	（1）没有业绩约束条件，不利于激励对象的留用；（2）激励对象事先付出的成本较高，承担风险较大，不易被激励对象接受
股权奖励	激励对象购买激励股权时，公司按照预先确定的条件奖励激励对象规定数量的公司股权，激励对象只有在工作年限或业绩目标符合股权激励计划规定条件时，才可转让股份并从中获益	激励对象在授予日即直接获得公司股权，相当于以"打折"价格购买公司股权	需要激励对象事先付出一定成本，并在满足条件后才能变现，在与企业分享利益的同时共担风险，有利于激发员工的能动性	（1）必须与股权出售相结合，激励对象需要事先付出成本；（2）变现周期较长，可能会影响激励效果

续表

激励方式	定义	特点	优势	劣势
股权期权	公司授予激励对象在未来一定期限内以预先约定的价格和条件购买本公司一定数量股份的权利,公司价值下行时不行权无损失,公司价值上涨时获得上涨的差价收益	激励对象获得的是购买股份的权利,而非实际股份,即"可以约定价格买股权"	行权期满后,被激励对象可以自由选择是否行使权利,即可选择在股价上涨时行使权利,在股价下跌时放弃行使权利,没有任何损失	对激励对象的约束性不足,难以激发员工动力
虚拟股权	企业授予激励对象在一定的时期和条件下,获得授予数量的每股净资产增值带来的收益的权利,包括虚拟股票、虚拟股票增值权、虚拟股票期权等	采用股权激励的分配方式,在不影响企业利润的情况下分享企业的收益,激励对象仅享有收益分红权,不享有其他股东权益	操作灵活,适用范围广,不影响股东对企业的实际控制权	要求企业的现金流较为充裕
项目跟投	员工以自有资金与公司一同投资原本由公司单方面投资的项目,并分享投资收益、共担投资风险	以项目为单位,实现项目团队成员与公司共享项目收益,共担项目风险	(1)激励对象是与项目密切相关的团队成员,针对性较强;(2)激励对象需实现付出成本,有利于激发员工积极性	(1)操作较为复杂,对跟投项目本身的要求比较高;(2)前期投入较大,激励对象需承担的风险较高
超额利润分享	在实现公司计划目标利润后,公司与相关利益贡献者共同分配超出部分利润的一种激励模式	是对公司既定收益外的利润进行分享,即在原有激励额度上额外根据企业的利润情况额外增加一部分激励额度,与员工共同分享企业额外利润	操作简单,奖金池可根据企业实际收益情况做出灵活调整,有利于激发员工创造剩余价值的潜能	激励对象所获奖励的额度难以预期,不利于调动员工积极性

8.2.2　激励方式选择的考量因素

国有科技型企业在选择中长期激励方式时，需要综合考虑政策要求、科技成果转化阶段、企业经营发展情况等因素，选择适合企业实际情况，并能够满足激励需求与目的的激励方式。

（1）明确政策条件边界。

国有科技型企业在选择中长期激励方式时，首先应当考虑相关政策对适用企业条件的要求，在政策允许范围内，圈定本企业可以采取的激励方式。目前相关政策主要针对科技型企业开展股权及分红激励作出了严格的条件限定，相关内容在本章8.1.3中已有详细表述。对于其他中长期激励方式，相关政策中只涉及对于"双百企业"及混合所有制企业的鼓励性条款，并未在适用企业范围及条件方面作出明确限制。

（2）明确科技成果转化阶段。

科技成果转化过程一般分为科技成果生产性试验（中试）、科技成果产业化和科技成果资本化3个阶段，这3个阶段各有特点，企业激励目的和激励对象需求各有侧重，适用的激励方式也自然有所差别。

科技成果生产性试验阶段。在这一阶段，科技项目一般要面临较大风险：**从项目收益上看**，中试无法通过成果转化直接创造利润，其主要的价值在于为成果的未来的商业化及工业化生产铺平道路；**从项目投入上看**，在这一阶段企业一般需要较高的人力、物力和财力投入，但实验结果却具有较大的不确定性。因而在科技成果中试阶段，企业主要的激励目的是在激发科研人员的创造力、加速科技成果成功转化的同时，在一定程度上分摊风险；且由于此阶段科技成果转化收益仍具有较大不确定性，企业未来前景仍不明朗，因而更适合采用激励兑现周期相对较短的激励方式。**综上，在科技成果中试阶段，企业更适合采用项目跟投的方式开展中长期激励**。

科技成果产业化阶段。在这一阶段，科技成果被转化为商品投入市场，并能够取得经济效益和利润，科技成果转化进入了相对稳定的收益期，企业的激励目的在于通过与员工共享收益加速产业化进程，并通过不断创新和改进科技成果来提升产业化所获得的收益，因此应更加注重让员工感受到推进科技成果产业化的红利。**综上，在科技成果产业化阶段，企业更适合采用岗位分红、项目收益分红、超额利润分享等现金型激励方式。**

科技成果资本化阶段。在这一阶段，科技成果的商品化属性逐步转化为以知识和技术为核心的资本属性，企业和员工形成了利益共享、风险共担、互惠互利的伙伴关系，企业更加关注知识资本的积累和增值、强调对激励对象内在价值的体现和在较长时间内深入挖掘员工潜能。同时，企业发展进入稳定期，发展前景较为明朗，长期内的预期收益易于计算与判断，员工将更乐于接受回报期较长的激励方式。**综上，在科技成果资本化阶段，企业更适合采用股权出售、股权奖励、股权期权、项目跟投等股权类激励方式。**

（3）明确企业经营业务情况。

从获取收益标的角度来看，国有科技型企业中长期激励方式可分为基于科技项目收益的激励和企业整体收益激励两种。其中**基于科技项目收益的激励方式**关注某一个或多个特定项目通过成果转化所取得的效益，要求项目应为能够独立核算的科技转化项目，且应为本企业主导并投入资本的研发项目，而非来源于客户的"订单项目"；而**基于企业整体收益的激励方式**则将企业整体经营发展情况作为收益分配的基础，更加关注企业与员工共享整体发展成果，对科技项目转化及核算的要求不高。

由此不难看出，不同主营业务、收益来源、发展目标的企业在选择激励方式上也应各有侧重，要根据本企业经营实际选择适当的激励方式。如硬科学科研单位的科技成果转化途径明晰，更适宜基于科技项目的激励，而软科学科研单位则更适宜基于企业整体收益的激励方式；又如科研院所的收益主要依靠研发成果的转化，而高科技制造企业的收益来源主要是客户的订单项目，因此应选择不同的激励方式等。

8.3 实施举措

8.3.1 岗位分红

（1）确定激励对象。

在激励对象的选取上，除了要注意不可触碰政策红线外，还要对分红岗位及任职人员进行评估与筛选。**从岗位选取上看，**要确保享受分红激励的岗位，是对企业科技创新、成果转化、经营发展等具有突出贡献和重要作用的岗位，一般以经营管理、科研管理、专业技术等岗位序列为主；**从人员选取上看，**确定开展分红的岗位序列后，企业需要对现有任职人员的人岗匹配度进行分析评估，确保激励对象符合岗位任职条件并能够充分发挥应有作用，切实满足企业对岗位所要求的应有贡献度，此外，若现有任职人员并非通过公开招聘、企业内部竞争上岗或者其他市场化方式产生，则企业还需开展岗位招聘及竞聘以满足政策对于人岗市场化、竞争性匹配的要求。

（2）确定激励额度。

根据相关政策要求，岗位分红激励需要满足企业和个人分红总额双重限制，即"企业年度岗位分红激励总额不高于当年税后利润的15%，激励对象获得的岗位分红所得不高于其薪酬总额的2/3"。

在确定岗位分红激励额度时，应当**选取能够反映企业盈利能力或价值创造的绝对指标**，如税后利润、税后利润增加值、经济增加值、经济增加改善值等作为提取基数，科学设计计提模式，合理确定提取比例。

（3）确定分配方式。

在确定个人岗位分红分配额度方面，企业应当通过岗位价值评估，梳理明确**每一个岗位在科技成果产业化中的重要性以及激励对象个人的贡献情况**，并以此作为确定各岗位分红标准的依据。此外，在确定激励额度时，建议**个人年度分红总额在年度薪酬总额中的占比不宜过低**，以免人均激励水平过低后员工无法感受到激励、难以体现激励力度、无法达成激励目的。

（4）确定业绩要求。

《中央科技型企业实施分红激励工作指引》中对实施岗位分红的业绩考核要求作出了明确规定：

在指标选取上，要在财务类指标、科技创新类指标、管理类指标中，每一类指标至少选取一个。国有科技型企业岗位分红激励业绩考核指标见表 8-5。

表 8-5　　　　　　国有科技型企业岗位分红激励业绩考核指标

指标类别	指 标 名 称
财务类	净利润增长率（必选）、净资产收益率、主营业务收入增长率等
科技创新类	科技创新收入增长率、科技创新收入占营业收入比重、新增（成果转化）合同额增长率、专利数量等
管理类	核心人才保留率、劳动生产率、成本费用占营业收入比重等

在考核目标水平上，要以自身历史业绩水平纵向比较为主，鼓励具备条件的企业采取与同行业或对标企业业绩横向对标的方式，综合确定考核目标水平。**一是**激励方案中应当载明考核目标的确定方式，选择企业对标的，应当说明对标企业的选取原则；**二是**考核目标水平设置应当结合企业经营状况、行业周期以及科技发展规划等因素综合确定。原则上相关指标不低于上一年度实际业绩水平或本企业近 3 年平均业绩水平，且年度净利润增长率指标必须高于近 3 年平均增长水平；**三是**引入行业对标的，相关指标应当不低于同行业平均（或对标企业 50 分位值）业绩水平。

企业应当根据政策要求，结合企业发展实际情况，合理设置能够准确反映企业发展效益、科技创新创效、企业发展导向，符合企业经营特点的业绩考核指标，并明确考核目标要求，充分发挥岗位分红激励在焕发科研人员活力、推进公司发展方面的作用。

(5) 确定变更或终止条件。

若激励对象丧失了获得岗位分红激励的条件，则应对原有的岗位分红协议进行变更或终止。一般分为以下两种情况：**一是**激励对象离职或死亡，即激励对象本人已无法正常享有岗位分红激励，那么企业应根据实际情况确定终止岗位分红激励，或变更激励额度；**二是**激励对象岗位发生变化，且新岗位不在岗位分红激励范围内，即激励对象已不具备岗位分红激励的资格，则应事先约定当年度岗位分红额度的分配比例，并按照比例为原激励对象和新激励对象进行分红。

8.3.2 项目收益分红

(1) 确定分红项目。

一是要选取科技成果转化项目范围内的项目。《国有科技型企业股权和分红激励暂行办法》中明确说明项目收益分红是"以科技成果转化收益为标的"，即**可以进行分红的项目特指"科技成果转化项目"**，即本项目必须要以某一项或几项科技成果的投入作为前提，项目中所开展的工作是以实现科技成果转化为最终目的。

二是要选取项目收益能够独立核算的项目。《国有科技型企业股权和分红激励暂行办法》要求实施项目收益分红"应当按照具体项目实施财务管理，并按照国家统一的会计制度进行核算，反映具体项目收益分红情况"，因此要注意选取边界清晰、收益及费用能够准确分摊的项目，以便于正确反映项目收益情况，避免财务管理及审计风险。

三是要选取已产业化或即将产业化阶段的项目。《国有科技型企业股权和分红激励暂行办法》明确规定，项目收益分红的执行要"在职务科技成果完成、转化后"，实施项目收益分红的重要前提是要"有红可分"，只有项目已进入或即将进入产业化阶段后，才可能顺利完成成果转化，并产生可供分配的收益和红利。

四是要根据企业实际确定实施分红的项目数量。目前相关政策并未对同时可实施项目分红的数量进行严格限定，企业可根据实际项目数量、项目进度、员工状态等综合确定实施收益分红的项目数量。

（2）确定激励对象。

目前相关政策并未对享受项目收益分红的人员范围进行特殊限定，因而激励对象只需满足"与本企业签订劳动合同的重要技术人员和经营管理人员"这一通用要求即可。

在具体的激励对象选取上，应**重点关注与科技成果转化项目密切相关的科研人员**，也可将部分关联度较大的管理人员纳入分红范围。且在激励对象的选取上，要注意与岗位分红在激励对象选取标准上有所差异，要**以相关人员在项目团队中的重要程度以及对项目发展的贡献度作为主要衡量标准**，尽量弱化岗位、级别在激励对象选取过程中的影响。

（3）确定激励额度。

项目收益分红额度的确定方式一般分为以下两类情况：

第一类是企业提前制定相关规定或与重要技术人员约定。在成果完成、转化后，按照企业规定或事先约定的方式、数额和时限执行。在约定的激励额度方面，可参考《中央科技型企业实施分红激励工作指引》相关要求，"结合项目来源、项目级别、项目规模、发展阶段以及创新贡献等因素约定。对于国家立项、创新贡献较大的项目可以适当加大激励力度。"

第二类是企业未规定、也未与重要技术人员约定。在这种情况下，企业应根据《国有科技型企业股权和分红激励暂行办法》和《中央科技型企业实施分红激励工作指引》相关规定，根据科技成果的转发方式确定激励额度。国有科技型企业项目收益分红额度确定标准见表8-6。

（4）确定分配方式。

在激励额度分配上，一般应以激励对象的岗位重要程度和工作表现来衡量

表 8-6 国有科技型企业项目收益分红额度确定标准

科技成果转化方式	项目收益分红额度
将该项职务科技成果转让、许可给他人实施	以该项科技成果转让净收入或许可净收入作为提取基数，按约定或规定比例提取激励额度，原则上一次性激励到位（其中《国有科技型企业股权和分红激励暂行办法》要求提取比例不低于 50%）
利用该项职务科技成果作价投资	以科技成果作价入股的股份（或出资比例）形成的投资收益作为提取基数的，按照约定或规定比例提取激励额度，原则上有效期不得超过 5 年；以职务科技成果作价入股形成的股份（或出资比例）作为提取基数的，应当按照股权激励有关规定约定相应激励额度、比例和其他事项（其中《国有科技型企业股权和分红激励暂行办法》要求提取比例不低于 50%）
将该项职务科技成果自行实施或者与他人合作实施	在实施转化成功投产后连续 3~5 年，按照约定或规定比例每年从实施该项科技成果的营业利润中提取激励额度（其中《国有科技型企业股权和分红激励暂行办法》要求提取比例不低于 5%）

激励对象在项目中的贡献，并以此作为额度分配的依据。**在衡量岗位重要程度方面，**一般可通过对项目内的岗位进行价值评估，明确各岗位在项目内的相对价值与排序，使分红系数与岗位价值呈正相关；**在衡量工作表现方面，**则一般以激励对象的个人业绩考核结果作为衡量标准，根据激励对象每年的业绩考核结果确定分红系数，并以此作为项目分红的分配依据。

此外，根据《中央科技型企业实施分红激励工作指引》要求，在分配过程中还应"对于关键科研任务、重大开发项目、主导产品或核心技术的主要完成人、负责人等可以适当提高分配比例"。

（5）确定业绩要求。

《中央科技型企业实施分红激励工作指引》中对实施项目收益分红的业绩考核要求作出了明确规定：

在指标选取上，以职务科技成果作价投资、自行实施或者与他人合作实施方式开展项目收益分红激励的，要在项目财务类指标、项目创新类指标、项目管理类指标中，每一类指标至少选取一个。以职务科技成果转让、许可给他人

137

实施的，若不采取一次性激励的方式，原则上也应当按照以上要求制定激励有效期内的考核办法。国有科技型企业项目收益分红激励业绩考核指标见表8-7。

表8-7　　　　　　**国有科技型企业项目收益分红激励业绩考核指标**

指标类别	指 标 名 称
项目财务类	项目收入增长率、项目投资回报率、项目净利润增长率等
项目创新类	项目专利和知识产权数量、项目获奖情况
项目管理类	项目研发费用占营业收入比重、新增项目合同数（额）增长率、合同履约率等

在考核目标水平上，相关政策对项目收益分红的要求与岗位分红相同[1]。企业应当根据政策要求，以促进科技成果转化为主要目的，合理设置能够准确反映科技成果转化经济收益、社会效益、创新力度等方面的指标作为衡量项目业绩的主要依据，从而激发科研人员在推动科技项目成果转化、促进科研成果发挥新动能方面的积极性与创造力。

（6）确定变更或终止条件。

项目组成员离开项目组或因其他不可抗力无法获得项目收益分红时，应约定对原有的分红协议进行调整。**一是**可以由其他人员替补，成为新的激励对象享受项目收益分红；**二是**若无其他替补人员，也可以调整现有激励对象的分配比例进行调整。

8.3.3　股权激励

（1）确定激励对象。

一是在政策允许范围内确定激励范围。相关政策对国有科技型企业股权激励的范围进行了明确限定，清楚说明了股权激励的重点及不可纳入股权激励范围的对象[2]。

---

[1]　详细可参见"8.3.1岗位分红（4）确定业绩要求"相关内容。

[2]　相关要求可参见本章8.1政策要求相关内容 。

二是通过岗位价值评估选定激励对象。股权激励对象的选取一般是以岗位作为划分标准，即把对企业发展具有关键核心作用岗位上的人员作为激励对象。在岗位的选取上，一般要借由岗位价值评估确定各岗位价值，并根据公司需求划定对于企业发展贡献度较高的岗位。

三是激励对象自然离职时间应晚于行权时间。为了限制激励对象的短期行为，股权激励一般都会设置行权期或解锁期，特别是限制性股票和股票期权的解锁期会长达3～5年。因此在确定激励对象时，要提前考虑以上范围内人员的自然离职时间，**一般要排除即将在有效期内退休的职工，并慎重考虑劳动合同即将到期人员**。

（2）确定授予股权数量。

相关政策对于各类企业可授予的股权总量及个人额度作出了明确的规定与限制❶。企业可依照上述比例限制、结合公司需要，确定授予股权的数量。一般而言，**公司规模与授予股权数量呈反比**，即公司规模越大，授予股权数量所占比例则应越低，以免激励总额过大、股权被过分分散。此外，企业还可**根据股权未来价值进行反推**，即根据激励股权到期时的市场价格和激励对象的预期薪酬对比计算，确定授予股权的数量。

（3）确定授予/行权价格。

根据相关政策规定，国有科技型企业股权激励的行权价格则一般参照资产评估价值确定——确定行权价格时，应当综合考虑科技成果成熟程度及其转化情况、企业未来至少5年的盈利能力、企业拟授予全部股权数量等因素，且不低于制定股权期权激励方案时经核准或者备案的每股评估价值。

（4）确定股权来源。

实施股权激励计划所需标的股票来源一般以**向激励对象发行股份**（即增资扩股）以及**回购本公司股份**（即股份回购）两种方式为主，也可通过**现有股东**

---

❶ 详细可参见本章8.1政策要求相关内容。

依法向激励对象转让其持有的股权的方式进行，**较为常用的增资扩股和股份回购两种方式各有利弊**：采用增资扩股可以有效避免对企业当期现金流的占用，公司的压力相对较小，但是原有股东的股权比例则会受到一定程度的稀释；而采用股份回购的方式虽可以有效避免单一国有股东支付，但是企业将承受较大的现金流压力。公司应根据当前股权分配情况以及资金压力，确定激励股权来源。

（5）确定授予／行权条件。

股权激励的授予／行权条件要与公司目标的达成情况及激励对象业绩的完成情况相挂钩，只有当公司和激励对象的业绩都达到要求时，激励对象才可以行权。企业可以根据业务实际开展情况将利润增长率、资产收益率、主营业务收入增长率等作为公司业绩指标，上市公司还可以选择公司市值、每股收益、每股分红等。个人业绩指标则根据公司战略目标、整体业绩指标、岗位职能等确定。

此外，企业也要制定**无法行权时对于股权的处理方法**。当公司或激励对象业绩两者或其中之一未能达到行权条件时，则当期的股权激励标的不得行权，一般公司会将该部分股权激励标的由公司注销或者按照原授予价格予以回购，尽量不给激励对象造成损失。

（6）确定退出及违约机制。

股权激励的退出情形一般分为两种：**一是**激励对象尚未取得股权，即丧失行权资格，在这种情况下，员工尚不具备股东身份，只需与员工约定终止股权激励协议或禁止行权的条件即可；**二是**激励对象已取得股权，此时员工已具备股东身份，那么公司可以依照《中华人民共和国合同法》以及《中华人民共和国公司法》与员工约定一定数量的违约金。

《国有科技型企业股权和分红激励暂行办法》中，对激励对象的退出机制作出了明确规定：股权激励的激励对象，自取得股权之日起，5年内不得转让、捐赠，若因本人提出离职或者个人原因被解聘、解除劳动合同，取得的股权应当在半年内全部退回企业，其个人出资部分由企业按上一年度审计后净资产计算退还本人；若因公调离本企业的，取得的股权应当在半年内全部退回企业，其个人出资部分由企业按照上一年度审计后净资产计算与实际出资成本孰高的原则返还本人，且在职激励对象不得以任何理由要求企业收回激励股权。

8.3.4　虚拟股权激励

（1）确定激励对象。

相关政策并未对虚拟股权的激励对象进行严格限制，因此在对象的选取上，公司可以参考股权激励的对象选取，**以公司董事、高级管理人员、核心技术人员和管理骨干为主**，并综合运用岗位价值评估以及岗位胜任能力评价选取对企业发展具有关键核心的人员作为激励对象。

（2）确定运用形式。

虚拟股权激励一般包括虚拟股票、虚拟股票增值权以及虚拟股票期权 3 种形式。国有企业虚拟股权常见运用形式见表 8-8。

表 8-8　　　　　　　　　　国有企业虚拟股权常见运用形式

运用形式	定　　义
虚拟股票	公司给予激励对象一种资产受益的权利，即持有人不买卖实际股票，仅享有虚拟股票的**分红权**
虚拟股票增值权	公司给予激励对象一种权利，授予人以一定价格通过购买或无偿的方式获得虚拟股权，持有一段时间后，公司兑现虚拟股权的价值增值部分，即享有虚拟股票的**增值权**
虚拟股票期权	在设计虚拟股权的基础之上，增加了一定的期权条件，**只有满足期权条件才能获得虚拟股权**

其中，**虚拟股票以及虚拟股票增值权在企业中运用的较多广泛**，也有企业将二者结合起来，使激励对象既可以享受到虚拟股票的分红权，也可以享受到增值权。而虚拟股票期权由于激励对象未来可以购买的并非实股，特别是对于非上市公司，激励对象很难预判虚拟股票的未来价值，因此激励效果并不

理想。

（3）确定虚拟股权总量。

公司的虚拟股权总数一般与公司的注册资本额或公司净资产挂钩，且为了方便计算，每股股价通常为 1 元，即如果公司注册资本额为 100 万元，则虚拟股权总量为 100 万股。若为了让授予数量显得更具规模，使激励更具有冲击力，也可以注册资本为基数成倍扩张来确定虚拟股权数量。

（4）确定授予虚拟股权数量。

相关政策对于虚拟股权的授予数量没有限制，且由于虚拟股权不涉及公司股权变动，只要公司实力足够，可以适当将用于激励的虚拟股权比例设置得稍高，使激励效果更好。具体的激励额度**可根据公司的营业收入、利润、股权分红情况等进行反推。**

各激励对象所获得的额度则可根据**岗位价值评估及岗位胜任能力评价**等方式综合确定。

（5）确定虚拟股权授予方式。

相关政策未对虚拟股权的授予方式进行严格规定，企业既可以采取股权奖励的方式将虚拟股权无偿赠予激励对象，也可采取股权出售的方式由员工支付一定现金进行购买。

（6）确定激励额度。

虚拟股权激励额度的测算方式分为两种：**一是**与分红权相似，收益来源于企业的经营收益，即激励额度与企业的收益情况或股价增值情况挂钩；**二是**来源于股东税后利润分配的权益，由股东自愿让渡部分收益权利作为虚拟股权的收益，即激励额度与股东所获的税后利润相挂钩。企业可根据自身实际情况，确定测算方式以及计提比例，并由此确定虚拟股权的激励额度。

（7）确定授予/行权条件。

虚拟股权激励的授予/行权条件要与公司目标的达成情况及激励对象业绩的完成情况相挂钩，只有当**公司和激励对象的业绩都达到要求时，**激励对象才可以行权。具体的指标要求，可参考股权激励的相关标准进行设定。

（8）确定退出机制。

虚拟股权的退出一般分为以下两种情况：

一是虚拟股权为公司无偿赠予，由于激励对象与企业不存在金钱关系，激励对象在退出时将虚拟股权交还公司或按照规定转让即可，当然公司也可在授予虚拟股权时与激励对象约定相关违约条款，用以限制激励对象提前离职或故意做出有损公司利益的行为。

二是虚拟股权为员工自行购买，则公司应与激励对象提前约定购回或转让股份的相关条件，如虚拟股权是否按照原价回购、其他购买者是否按照原价购买。

8.3.5　项目跟投激励

（1）确定跟投项目。

用于跟投的项目首先必须是**可以独立核算的项目**，部分企业也会采取新设公司的方式来确保项目的独立性。

由于项目跟投的目的是在于激发员工的自主性和积极性，是一种典型的激励与风险并存的股权激励方式，因此在项目的选择上，一般不会选择较为成熟、已有稳定盈利、风险较低的项目，而是会选择一些**新产业、新业态、新商业模式的项目**，这些盈利预期不确定的项目更适合采用跟投制度。

（2）确定跟投人员。

参与项目跟投的人员应是对项目业务或新产业决策权比较大、运营影响程度比较高的人员，一般可分为**强制跟投人员和自愿跟投人员**。

由于项目跟投的目的是实现利益和风险的双重绑定，因此一般与公司经营高度相关，对项目的影响力和决策权较大，如**中高层管理人员，均会被要求强制跟投；而基层管理者和普通员工**，一般会加入自愿跟投人员名单，根据个人意愿选择是否参加跟投。

（3）确定跟投方式。

常用的项目跟投方式一般有员工直投、持股平台跟投、认购基金份额跟投和虚拟跟投 4 种。国有企业项目跟投常见方式见表 8-9。

表 8-9　　　　　　　　　国有企业项目跟投常见方式

跟投方式	定　义
员工直投	跟投人员直接出资投资到项目或是业务公司中，跟投人员将直接持有项目或公司股权，并享受股权收益
持股平台跟投	跟投人员通过出资成立一个有限公司或有限合伙企业作为持股平台进行跟投
认购基金份额跟投	由项目的大股东成立投资基金来投资各个项目或业务公司，跟投人员通过认购基金股份的形式参与到项目公司或业务公司实现跟投
虚拟跟投	从跟投人员的年终奖中切割出一部分，以业绩抵押金形式记账，不形成实质性的股权或债权投资，实质上是一种抵押经营的方式

在实际操作中，员工直投的方式由于涉及股权变更以及员工持股的多方面限制，很少有企业采用。企业在实践中通常会采用**几种跟投方式嵌套的模式开展跟投**，特别是持股平台跟投与认购基金份额跟投嵌套的模式，这样的模式可以有效**扩大参与跟投的范围**，使更多的员工参与到跟投中来，并有效降低企业风险。同时也**有效避免了每投资一个项目就要建一个新平台的问题**，特别是对于自愿跟投人员来说，他们的投资需求是依据个人意愿而非统一要求，因此通过相对灵活的认购基金份额跟投方式更为合适。

此外，若项目有多个投资平台或企业使用了嵌套式的投资方式，在跟投过程中，企业可以为不同的投资对象设置不同的**优先级和劣后级❶**，使强制跟投人员和自愿跟投人员享有不同的收益和风险等级，一般而言，强制跟投人员可选择高收益、高风险的劣后级，以达到激励约束并存的作用，而自愿跟投人员

---

❶　劣后受益权人本金将对优先受益人进行支持，在项目遭受损失时，劣后人的财产用于优先人补偿，取得盈利时，优先人按事先约定比例适当参与分红，即优先受益人分享较低的收益率，承担较小的风险，而劣后受益人则承担高风险，获得高收益。

一般应安排在低收益、低风险的等级，更加注重对员工的福利性补贴。

（4）确定项目股权架构。

目前相关政策并未对项目跟投的股权比例作出严格限制，因此企业可以根据实际需求确定用于跟投的股权比例。但是从项目跟投的目的，即主要通过风险与收益捆绑的方式对员工进行激励，而非是要给予激励对象决策权，同时出于企业的经营管理需求，还是应当保证主要出资方的股东地位，因而一般**用于跟投的股权比例要小于50%，且应处于非控股地位**。

（5）确定出资额度。

各位跟投员工的出资额度应当根据项目整体的股权比例进行确定，一般而言，**强制跟投人员的出资额度要高于自愿跟投人员**。在实际操作中，可以根据员工的岗位层级、对项目决策权力的大小、对项目运营影响力的大小确定。

（6）确定退出机制。

确定退出机制主要包括两方面内容：**一是**跟投人员本身离职或因不可抗力无法继续履行跟投协议，那么其手中所持有的股权应当及时转出，公司应与其实现约定回购或转让的相关条款；**二是**项目跟投是以项目为标的的股权激励，而非以公司经营为标的，其周期本身就受到项目周期的制约，即项目结束后跟投协议应自然终止，因此公司要与跟投人员实现约定项目结束后股权回购的相关条款。

9

探索国有控股上市公司股权激励机制

探索股权激励是推动国有控股上市公司激励约束机制改革创新的重要举措，对于国有控股上市公司完善市场化激励约束机制、改善公司治理水平具有积极意义。相较于现金利润分享（岗位分红、项目分红、收益权分享、虚拟股权激励等）、长周期绩效考核奖金，以及福利计划等中长期激励约束工具，**上市公司通过员工持股、股权激励方式向员工让渡公司股份的分红权、增值权、表决权、处置权等（不一定同时）**，不仅能推动员工目标与企业目标的有机统一，还便于激励对象通过证券市场高效获取增值收益，同时吸纳员工参与企业治理，有着多方面管理效用，在各国上市企业中得到广泛运用。

我国证监会于 2005 年出台《上市公司股权激励管理办法（试行）》，并于 2016、2018 年两次修订；国务院国资委于 2006 年出台《国有控股上市公司（境外）实施股权激励试行办法》《国有控股上市公司（境内）实施股权激励试行办法》，于 2020 年 5 月发布《中央企业控股上市公司实施股权激励工作指引》，国有控股上市公司股权激励政策已相对完善。另外，证监会于 2014 年出台《关于上市公司实施员工持股计划试点的指导意见》，允许企业对员工予以财务资助、无偿奖励，在董事、高级管理人员、核心技术（业务）人员之外允许覆盖更广泛员工群体，相较于股权激励政策有着更大激励空间。然而为防范国有资产流失，国有企业开展员工持股仍处于混改企业小范围试点阶段，并未针对国有控股上市公司出台专门政策，使得"股权激励"对于国有控股上市公司更具探索价值。本文将从**价值定位、政策要求、未来展望** 3 方面开展分析，为有关主体进行科学决策提供参考。

9.1　价值定位

9.1.1　国资国企改革视角

国有控股上市公司作为大型国有企业优质资产的运营主体，作为国有资本与社会资本交融合作的重要载体，进一步深化改革、创新发展具有重要意义。自 20 世纪 90 年代初期，面临提升经营效率效益迫切要求，国企股权多元化改革在"抓大放小"战略指导下全面推开，大型国有企业开始探索改制上市，并在 2005 年股权分置改革后开启了长达十余年的大规模上市进程。截至 2017 年 6 月底数据统计，千余家国有企业已完成境内外上市，其中 A 股、港股上市公司共计 1229 家。截至 2020 年 5 月底数据统计，受国资委监管的 97 家中央企业旗下 A 股、港股、美股上市公司共计 404 家❶。通过上市，相关企业得以补充业务发展所需资金，法人治理、规范运营水平明显提升，现代企业制度、市场化经营管理机制建设取得良好成效。**从国有控股上市公司深化改革、创新发展的基础情况来看，探索股权激励有着重要价值：**

一是有利于激发干部职工改革魄力、内生动力。大部分国有控股上市公司经营稳健、生存压力相对较小，在新形势下推进转型升级、高质量发展、塑造全球竞争力需要更大的改革魄力、更强的内生动力，构建长效激励约束机制、推动干部职工持续进取极具现实意义。探索实施股权激励是既符合改革政策导向，又契合国有控股上市公司发展需要的上佳选择。

二是有利于形成有效制衡的治理局面。受历史阶段及证券市场机制影响，大部分国有控股上市公司在 IPO 上市及上市后增发过程中并未引入持股相对集中的战略投资者，持股较为分散的中小投资者难以对董事会决策、经营层尽责产生实质性影响，有效制衡的治理结构尚未真正建立。通过股权激励方式向高管团队、核心骨干让渡部分股份，将有利于防范国有股一股独大、内部人控制等问题，进一步形成有效制衡的治理局面，助力国有控股上市公司高质量发展。

9.1.2　产业及企业发展视角

近年来，通过清算关闭、重组整合、混合所有制改革等方式，国有资

---

❶　基于相关企业官方网站信息统计得出。

本在钢铁、煤炭、有色金属、石油化工等产能严重过剩行业有所收缩。在有进有退、有所为有所不为、聚焦主责主业原则指导下，以及完善市场经济体制、放开民营企业市场准入、优化营商环境建设等工作背景下，第二产业的国有资产总额占全部国有资产比重自 2013 年以来一直呈缓慢收缩趋势，第三产业的国有企业户数占全部国有企业户数比重则呈逐年递增的发展态势❶。

一方面，通过股权激励实现与优质员工长期绑定符合知识经济发展需要。 为提升国资效率效益、推动国有企业高质量发展，国有资本将更多向高新科技、新经济行业（商业服务/研发/环保/信息技术等）领域转移，国资国企将更大程度具备知识经济特点。知识、技术密集型产业普遍重视对高学历高素质员工、科研骨干的激励，提供具有竞争力的薪酬、优质的事业发展平台。通过员工持股、股权激励等方式建立长期利益联盟，是十分依赖知识型员工的企业的明智选择，如微软（中国）有限公司、西门子股份公司自 20 世纪 90 年代即开始推行实施员工持股、股权激励。知识经济发展背景下，探索实施股权激励有助于国有控股上市公司长期保留核心人才，提升员工投入到知识分享沉淀及学习型组织建设中的意愿，激励员工关注组织利益、预判并解决问题、应对复杂挑战。

另一方面，国有控股上市公司的发展阶段、发展趋势决定了股权激励的迫切性和适用性。 基于资本市场、证券市场客观规律，大部分国有控股上市公司所处行业处于成长、成熟阶段，在体制改革、产业发展背景下面对愈发激烈的市场竞争；少部分国有控股上市公司所处行业已进入衰退期，企业更难获得超额利润、经济效益下降——不论是通过内涵式、外延式扩张实现规模效益，还是拓展蓝海市场、构建独特竞争优势，都需要激发队伍活力、吸引优质人才，从而提升运营效率、决策质量及创新水平；面对

---

❶　《2019 中国国有经济发展报告》（中国国有经济研究中心，2019 年 12 月 7 日发布）。

潜在替代型技术、商业模式挑战，也需优化激励约束机制，鼓励超出固有技术路线、经营模式的创新行为，从而拓展新的增长点、实现转型发展。同时，央企国企正在加大力度分拆、培育优质资产在创业板、科创板上市，该类资产、企业通常处于产业发展初期阶段，科技创新、商业模式创新属性强。通过股权激励方式与创新人才共担风险、共享收益，能够有效激发员工活力动力、建立携手共赢局面，有助于各类国有控股上市公司夯实核心能力、构建竞争优势、有效应对经营发展挑战。

9.1.3 人力资本要素及劳动力市场视角

2016 年 5 月，国务院印发《国务院关于深化制造业与互联网融合发展的指导意见》（国发〔2016〕28 号），提出完善国有企业内部创新组织体系和运行机制，探索引入有限合伙制，完善鼓励创新、宽容失败的经营业绩考核机制，建立促进创新成果转让的收益分配、工资奖励等制度，对企业重要技术人员和经营管理人员实施股权和分红激励政策，完善激励创新的股权、期权等风险共担和收益分享机制。《"十三五"国家科技创新规划》提出实行以增加知识价值为导向的分配政策，加强对创新人才的股权、期权、分红激励。

2020 年，《中共中央国务院关于构建更加完善的要素市场化配置体制机制的意见》《中共中央国务院关于新时代加快完善社会主义市场经济体制的意见》相继发布，提出促进劳动力、人才社会性流动，畅通人才跨所有制流动渠道，构建更加开放的国际人才交流合作机制；全面贯彻落实以增加知识价值为导向的收入分配政策，充分尊重科研、技术、管理人才，充分体现技术、知识、管理、数据等要素的价值；健全劳动、资本、土地、知识、技术、管理、数据等生产要素由市场评价贡献、按贡献决定报酬的机制。**在双创、要素市场化配置体制机制建设、人才体制机制改革背景下，探索实施股权激励对于国有控股上市公司吸引保留优质人才更具现实意义：**

一是突破国有企业工资决定机制制约，提升核心骨干激励水平。随着创新、要素、人才等方面体制机制持续创新突破，通过市场交易、自由流动来实现技术、知识、人力资本的价值增值将越发普遍。创新人才、优质人才更易在劳动力市场上获得高水平报酬，流失风险更大，将助推企业寻求与核心科研、技术、管理人才进行长期利益绑定、实施更有力的中长期激励约束机制。优秀民资、外资企业的激励手段相对灵活，向核心人才的激励倾斜水平更高，员工持股、股权激励等相对更普及、力度更大，而国有控股上市公司仍一定程度上受制于国企工资决定机制、报酬吸引力相对不足。探索实施股权激励能够突破工资总额管理等方面制约，有助于国有控股上市公司提升核心骨干激励水平、吸引保留关键人才，应对市场化人才竞争。

二是有利于突破跨所有制流动障碍的制约，提升人才吸引力。受限于体制机制差异性、市场主体多元化水平（尤其是关系国家安全/国民经济命脉的特殊行业）、雇主品牌建设不足等现实原因，跨所有制的人才流动机制、人才价值公允评价机制尚未有效建立，国有企业人才价值在劳动力市场上尚未得到充分认可。即使通过上市提升了社会认可度，相较于优秀民资、外资竞争对手，**国有控股上市公司在吸引优质、稀缺、顶尖人才过程中，一定程度上还需提供更全面、更可持续的激励保障条件**，来抵消未来可能的流动性障碍影响，吸引相关人才适应国资体制、长期投入企业事业发展中。使得国有控股上市公司通过探索实施股权激励构建核心人才与企业间利益、事业共同体，助力吸引保留优质人才更具现实意义。

9.2　政策要求

对于国务院国资委履行出资人职责的中央企业及其各级出资企业控股或实际控制的上市公司，开展股权激励需遵循《中央企业控股上市公司实施股权激励工作指引》（简称《指引》）的各方面要求，同时受证监会 2018 年 8 月修订版《上市公司股权激励管理办法》（简称《管理办法》）基础性规则的制约。**对于其他国有控股上市公司**，境内企业需遵循《国有控股上市公司（境内）实施股权激励试行办法》（简称《境内试行办法》）文件要求，并重点关注《管理办法》中的限制性条款，境外企业仍主要受《国有控股上市公司（境外）实施股权激励试行办法》（简称《境外试行办法》）及当地法规约束。

截至 2020 年 5 月底，仅有不到 30%（119 家）的央企控股境内外上市公司实施了股权激励。《指引》的出台将有助于促进更多中央企业探索实施股权激励改革，提升对控股上市公司核心骨干人才的激励力度，也将为地方国资监管部门增强正向激励、放活赋能，开展相关监管及指导工作提供良好借鉴。

9.2.1　激励方式

《境外试行办法》文件中明确的股权激励方式为**股票期权、股票增值权**方式及法律法规允许的其他方式；《境内试行办法》文件明确了**股票期权、限制性股票**方式，及法律法规允许的其他方式；《管理办法》明确了"以本公司股票为标的"，主要论述**股票期权、限制性股票**方式，不涉及股票增值权。《指引》提出"以本公司股票或者其衍生权益为标的"，明确了**股票期权、股票增值权、限制性股票**及法律法规允许的其他方式。**根据《指引》规定：**

股票期权是指上市公司授予激励对象在未来一定期限内以预先确定的价格和条件购买本公司一定数量股票的权利。激励对象有权行使或者放弃这种权利。股票期权不得转让、用于担保或偿还债务。**股票增值权**是指上市公司授予激励对象在一定的时期和条件下，获得规定数量的股票价格上升所带来的收益的权利。股权激励对象不拥有这些股票的所有权，也不拥有股东表决权、配股权。股票增值权不得转让、用于担保或偿还债务。**限制性股票**是指上市公司按照股权激励计划规定的条件授予激励对象转让等权利受到限制的本公司股票。激励对象自授予日起享有限制性股票的所有权，但在解除限售前不得转让、用于担保或偿还债务。

相较于《境外试行办法》文件，《指引》将"股票增值权"适用范围收缩为"原则上适用于境内注册、发行中国香港上市外资股的上市公司"，相对突出股票期权、限制性股票方式，将有助于参与股权激励计划的员工作为股东参与公司治理、维护企业及自身利益。在经贸摩擦加剧、地缘政治问题突出形势下，国有资本、国有企业在其他境外证券市场更易遭遇不确定性风险（相较于港股、A股），不鼓励采取股票增值权方式将有利于保护参与股权激励计划员工的财产权益。

9.2.2 先决条件

《管理办法》明确了境内上市公司不得实行股权激励的相关情形：①最近一个会计年度，财务会计报告或财务报告内部控制被注册会计师出具否定意见或无法表示意见的审计报告；②上市后最近36个月内出现过未按法律法规、公司章程、公开承诺进行利润分配的情形；③法律法规规定不得实行股权激励的；④中国证监会认定的其他情形。**《境外试行办法》《境内试行办法》文件明确要求相关国有企业：**必须已实现公司治理结构规范、决策制衡，内部绩效考核体系完善，劳动、用工、薪酬制度市场化改革到位，发展战略明确，资产质量优良。

《指引》在上述条件基础上，对央企控股上市公司提出更为细化的要求：**公司治理方面**，要求股东大会、董事会关键职权到位，薪酬考核委员会、外部董事有效履责；**管理机制方面**，明确要求三项制度改革到位，能上能下、能进能出、能增能减机制相对建立完善。**同时严格防范国有资产流失、进一步强化监管**，要求必须已建立健全与激励机制对称的配套约束机制（经济责任审计机制、信息披露机制、延期支付机制、追索扣回等），实践中需尤为注意：

一是需建立完善的信息披露机制。《指引》与《境外试行办法》《境内试行办法》文件中相关要求保持了一致，要求充分向广大社会公众进行信息披露，并且在方案设计、决策和执行环节，向国资监管部门、国有控股股东单位及央企集团公司、企业干部职工进行充分报告。

二是对董事、高级管理人员需建立延期支付机制。《指引》对于境外上市企业的要求与《境外试行办法》文件保持一致，向董事、高级管理人员授予的股权激励权益，要有不低于20％的比例锁定至任期考核合格后兑现；对于境内企业，取消了20％比例延期支付硬性要求，而是明确通过绩效考核、任期考核来约束行权、兑现。

三是需严格落实经济责任审计机制。《指引》与《境外试行办法》《境内试行办法》相关要求保持了一致，若企业未按照规定程序和要求聘请会计师事务所开展审计，或审计部门对企业业绩或年度财务报告提出重大异议的，应终止实施股权激励计划，取消当年可行使权益，一年内不得向激励对象授予新的权益、激励对象不可行权获益。

四是需推行追索扣回机制。《指引》提出若任期考核不合格，或在经济责任审计中发现经营业绩不实、国有资产流失、经营管理失职以及存在重大违法违纪的行为，对相关责任人任期内已经行权的权益应当建立退回机制，由此获得的股权激励收益应当上交上市公司。

9.2.3 主要内容

考虑到《指引》已充分吸收融合《境外试行办法》《境内试行办法》文件要求，在前面分析的基础上，下面将对《管理办法》《指引》两份文件的关键内容进行梳理总结（见表9-1），重点呈现因国资控股原因带来的《指引》文件特别规定，进而分析《指引》相较于《境外试行办法》《境内试行办法》《管理办法》的新要求、新特点。

表 9 - 1　　　　　　　证监会、国资委最新文件的关键要求比较

比较项目	《上市公司股权激励管理办法》（2018 年）	《中央企业控股上市公司实施股权激励工作指引》（2020 年）
股票来源	定向发行、回购股票及法律法规允许的其他方式	另明确"不得仅由国有股东等部分股东支付股份或其衍生权益"
激励对象	上市公司的董事、高级管理人员、核心技术人员或者核心业务人员，以及公司认为应当激励的对公司经营业绩和未来发展有直接影响的其他员工。 （**不激励**：独立董事和监事；单独或合计持有 5% 以上股份的股东或实际控制人及其配偶、父母、子女；以及被《公司法》、证券交易所、证监会等方面认定不适当、不符合参与条件的人员）	在《管理办法》要求基础上提出： （1）确定激励对象，应当根据企业高质量发展需要、行业竞争特点、关键岗位职责、绩效考核评价等因素综合考虑，并说明其与公司业务、业绩的关联程度，以及其作为激励对象的合理性。 （2）国有控股股东或中央企业管理人员在上市公司担任除监事以外职务的，可参加股权激励，但只能参加一家任职上市公司的股权激励计划。 （3）中央和国资委党委管理的中央企业负责人不参加上市公司股权激励，不得以"代持股份"或者"名义持股"等不规范方式参加。 （**不激励**：未在上市公司或其控股子公司任职的；被国资监管机构、证券监管机构规定不得成为激励对象的人员）
激励额度	（1）全部在有效期内的股权激励计划所涉及的标的股票总数累计不得超过公司股本总额的 **10%**。 （2）非经股东大会特别决议批准，单个激励对象通过全部在有效期内的股权激励计划获授的本公司股票，累计不得超过公司股本总额的 **1%** （3）推出股权激励计划时，可预留不超过该计划拟授予数量 20% 的权益	在《管理办法》要求基础上提出： （1）不得因实施股权激励导致国有控股股东失去实际控制权。 （2）**科创板上市公司**全部在有效期内的股权激励计划所涉及的标的股票总数累计不超过股本总额的 20%。 （3）**首次实施股权激励**授予股票数量原则上应控制在公司股本总额 1% 以内。中小市值及科技创新型上市公司可适当上浮，原则上应控制在 3% 以内。 （4）上市公司连续两个完整年度内累计授予权益数量一般在公司股本总额的 3% 以内，重大战略转型等特殊需要的可以适当放宽至股本总额的 5% 以内。 （5）**预留权益**应在股权激励计划经股东大会审议通过后 12 个月内明确授予对象，原则上不重复授予本期计划已获授的激励对象。超过 12 个月未明确的，预留权益失效。 （6）董事、高级管理人员的权益授予价值，根据业绩目标确定情况，不高于授予时薪酬总水平的 **40%**

比较项目	《上市公司股权激励管理办法》（2018年）		《中央企业控股上市公司实施股权激励工作指引》（2020年）	
资金来源	上市公司不得为激励对象提供任何形式的财务资助，包括为其贷款提供担保		上市公司不得直接或通过关联方间接为激励对象提供任何形式的财务资助，包括为其贷款提供担保	
定价	限制性股票授予价格	股票期权行权价格	限制性股票授予价格	股票期权、股票增值权行权价格
	不得低于股票票面金额，且**原则上不得低于下列价格较高者：**计划草案公布前1个交易日、前20个交易日、前60个交易日或者前120个交易日的公司股票交易均价的**50%。否则**，需聘请独立财务顾问提供专业意见支持	不得低于股票票面金额，且**原则上不得低于下列价格较高者：**计划草案公布前1个交易日、前20个交易日、前60个交易日或者前120个交易日的公司股票交易均价。**否则**，需聘请独立财务顾问提供专业意见支持	（1）**境内公司**，公平市场价格不得低于下列价格较高者：激励计划草案公布前1个交易日、前20个交易日、前60个交易日或者前120个交易日的公司股票交易均价。（2）**境外公司**，公平市场价格不得低于下列价格较高者：授予日公司标的股票收盘价、授予日前5个交易日公司标的股票平均收盘价 （1）授予价格不得低于公平市场价格的50%，及公司标的股票的单位面值。公平市场价格若低于每股净资产的，授予价格不应低于公平市场价格的60%。（2）应依据解锁时的业绩目标水平，合理确定授予价格折扣比例与解锁时间安排。（3）**科创板公司**若授予价格低于公平市场价格的50%，应当适当延长限售期及解锁期，并设置不低于公司近三年平均业绩水平或同行业对标企业75分位值水平的解锁业绩目标条件。（4）**尚未盈利的科创板公司**，授予价格按照不低于公平市场价格的60%确定。实现盈利前，可生效的权益比例原则上不超过授予额度的40%，对于属于国家重点战略行业，且因行业特性需要较长时间才可实现盈利的，应当在股权激励计划中明确提出调整权益生效安排的申请	行权价格不低于公平市场价格，以及公司标的股票的单位面值

续表

比较项目	《上市公司股权激励管理办法》（2018 年）		《中央企业控股上市公司实施股权激励工作指引》（2020 年）	
行权条件	激励对象为董事、高级管理人员的，应当设立绩效考核指标，包括公司业绩指标和个人绩效指标。 （1）**公司指标**：可比照自身历史业绩（反映股东回报、价值创造的综合性指标，反映盈利能力、市场价值的成长性指标），或对标至少 3 家同行业可比公司。 （2）**个人指标**：由上市公司自行确定。 （3）**行权条件是否达成**：需由董事会审议，独立董事及监事会应同时发表明确意见，律师事务所应出具法律意见		（1）在权益授予和生效环节，应当与公司业绩考核指标完成情况进行挂钩。 （2）鼓励上市公司根据企业发展规划，采取分期授予方式实施股权激励。 （3）激励计划无分期实施安排的，可以不设置权益授予环节的业绩考核条件。 （4）应建立完善的公司业绩考核体系，结合企业经营特点、发展阶段、所处行业等情况，科学设置考核指标，体现股东对公司经营发展的业绩要求和考核导向，原则上应包含以下 **3 类考核指标**：①反映股东回报和公司价值创造等综合性指标，如净资产收益率、总资产报酬率、净资产现金回报率（EOE）、投资资本回报率（ROIC）等。②反映企业持续成长能力的指标，如净利润增长率、营业利润增长率、营业收入增长率、创新业务收入增长率、经济增加值增长率等。③反映企业运营质量的指标，如经济增加值改善值（ΔEVA）、资产负债率、成本费用占收入比重、应收账款周转率、营业利润率、总资产周转率、现金营运指数等。 （5）股权激励对象实际获得的收益属于投资性收益，不再设置调控上限	
其他行权要求	**限制性股票解除限售** 应规定分期解除，首次解除限售日与授予日间隔不得少于 12 个月，每期时限不得少于 12 个月，每期解除限售比例不得超过 50%。 **未满足条件的**，当期股票由公司回购：若个人对企业丧失实施股权激励资格负有责任，回购价不高于授予价；其他情况下，回购价不高于授予价加银行同期存款利息之和	**股票期权行权** 应规定分期行权，首次可行权日与授权日之间的间隔不得少于 12 个月，每期实现不得少于 12 个月，每期行权比例不得超过 50%。 **未满足条件的**，当期终止行权，上市公司应及时注销	**限制性股票** 采取分期实施方式授予权益的，每期权益的授予间隔期应当在 1 年（12 个月）以上，一般为两年 自股票授予日起计算，原则上不得少于 2 年（24 个月），在限售期内不得出售股票；限售期满可以在不少于 3 年的解锁期内匀速分批解除限售	**股票期权、股票增值权** **行权限制期**自权益授予日至权益生效日止，原则上不得少于 2 年（24 个月）。 **行权有效期**自权益生效日至权益失效日止，不得少于 3 年，原则上采取匀速分批生效的办法

续表

比较项目	《上市公司股权激励管理办法》（2018 年）	《中央企业控股上市公司实施股权激励工作指引》（2020 年）
激励计划时长	有效期从首次授予权益日起不得超过 10 年	有效期自股东大会通过之日起计算，一般不超过 10 年

《指引》体现了国资监管部门简政放权：**一是**将首次授予以后的股权激励授予的审批权下放到中央企业集团；**二是**在《管理办法》明确的分期解除限售、分期行权基础上要求匀速分批行权，但不再规定股权激励计划必须分期实施（授予），为部分企业加大当期激励力度提供了决策空间。

《指引》进一步细化行权管理、明确考核要求的同时，一定程度上提升了激励力度，符合提升国有资本运营效率效益，兼顾有效监管与正向激励的改革发展导向：**一是**取消了股权激励实际收益上限封顶，有利于保持多方利益协调一致，引导延长持有、强化长期激励导向；**二是**将境内企业对董事、高级管理人员的授予权益价值占该激励对象授予时薪酬总水平比例，由 30％提升至40％，向境外企业看齐；**三是**明确了国有控股股东或中央企业管理人员在上市公司担任除监事以外职务的，可根据实际贡献情况参加上市公司的股权激励（不含中央和国资委党委管理的中央企业负责人）。

《指引》体现了分类监管、分类指导原则：为科创板上市企业、中小市值上市企业开展股权激励提供了相对更大的激励空间、相对宽松的考核要求，突出对科技型企业、战略新兴业务类企业、科技型人才的激励倾斜。

9.3　未来展望

对于国有控股上市公司而言，股权激励相关政策已对业绩考核、行权兑现有较高要求，对授予股权总量上限、定价方式有严格限定，探索实施股权激励的决策重点、工作重心在于——**合理使用股权激励等激励工具、科学确定股权**

激励对象、科学确定股权激励水平。

9.3.1　统筹考虑激励方式使用

考虑到股份数量有限、实施股权激励对企业治理格局有切实影响，在防范国有资产流失、充分保障股东利益要求下，国有控股上市公司需考虑企业发展特点、非国有股东意愿，**科学审慎配置公司股份等激励资源：①对于以科创板为代表的创业期公司**，中长期激励应重于短期激励，开展股权激励（以公司股票为标的，下同）将有利于和员工建立事业、命运共同体，助力企业创新突破；**②对于高速成长期企业**，需有效结合短期激励、中长期激励，现金类激励与股权激励并重，推动员工积极作为、企业发展壮大；**③对于成熟期企业**，重点在于健康可持续发展，稳固发展成果的同时还可能面临战略转型、"二次创业"挑战，股权激励应重于现金激励，围绕战略目标要求及企业中心工作的短中期激励应重于长期激励（如缩短股票限售期），推动员工与企业同心同德、保持干事创业热情，实现企业发展目标；**④对于衰退期企业**，股价增长空间十分有限，现金激励相较于股权激励更具可操作性和实际意义。

上市公司开展股权激励的管理功能主要在于以下5个方面：一是通过合理的考核激励机制设计，一致化股东与高管、核心骨干的利益，助力解决"代理人问题""内部人控制问题"，提升公司治理水平；**二是**通过分期激励、考核指标及行权条件设置，将激励与公司业绩提升、业务创新、中长期战略目标相结合，加大员工当期离职成本，助力企业发展、人才保留；**三是**激励与股价挂钩，推动高管、核心骨干关注市值管理，同时有助于获得机构投资者青睐，保障股东利益、提升融资能力；**四是**提升高管、骨干员工薪酬结构及薪酬水平的市场化，应对市场化人才竞争，助力吸引保留优质、紧缺人才；**五是**在招聘薪资逐年上升、新老员工薪酬差距偏小的情况下，可通过股权激励提升骨干员工收入水平，解决新老员工薪酬矛盾。**国有控股上市公司需基于自身治理水平、发展诉求、激励水平、人才需求、各方面改革政策支持等，综合考量开展股权**

激励的必要性、可行性。

按照规定，限制性股票方式下最低可以公平市场价格的 50％ 购入股票，收益确定性较高、激励效果较好、业绩要求明确，近两年在国内上市公司股权激励实践中得到广泛使用，股票期权和股票增值权则在美股、港股市场相对普遍。由于政策明确禁止国有控股上市公司在实施股权激励过程中以直接、间接方式为激励对象提供财务资助、贷款担保等，民营企业可采取的奖励基金转股（企业以超额利润购股赠予员工）、期股（企业借款给员工购股）等方式皆不适用，而股票增值权仅适用于港股上市的国有企业。**在股权激励方式的选择方面，大部分国有控股上市公司仅需统筹考虑激励约束诉求、股价走势、激励时机、员工入股意愿及出资能力等，在股票期权、限制性股票方式中做出适当选择。**

9.3.2 合理选取股权激励对象

股权激励仍存在一定的收益不确定性，尤其是股票期权方式需以公平市场价格购入股票，亏损风险相对更高，更需在实施前期与激励对象达成高度共识。**首先，**聚焦于对企业发展有更完备认识的高管及核心骨干群体，有利于激励对象全面研判风险，从而避免从众式入股、收益未达预期给国有控股上市公司带来经营及队伍稳定等方面风险。**其次，**在防范国有资产流失、企业股权资源有限、将影响企业治理格局的前提下，股权激励对象的选取应采取审慎态度，需科学评估其岗位职责、业绩贡献、不可替代性、市场稀缺性等。

因此，如政策规定"应为公司董事、高级管理人员以及对企业经营业绩和持续发展有直接影响的管理、技术和业务骨干"，**主要涵盖以下几类职位、人才：**①工作表现对企业业绩具有深刻、长远影响的职位，以高管人员为代表；②企业核心业务发展、战略部署落地所需要的关键且市场稀缺的人才，通常拥有知识产权、特殊技能，如研发骨干；③容易产生内部人控制问题的职位，常为分支机构负责人或控制业务重要环节的人员，如区域销售总监、供应链负责人；④工作职责内容无法完备约定，或业绩表现具有滞后性的人员，如负责推动组织发展（变革）人员、项目投资负责人。

在机制设计层面，应以科学完善的岗位价值分析、人才盘点、发展通道设计为基础，不盲目扩大激励范围，采取分期分批激励方式推进等。**需避免核心骨干主动不入股**，防止约束不力、搭便车等问题；**需避免核心管理人员被动不入股**，实践中为克服国资管理体制限制，国有控股股东层面管理人员、干部身份人员可通过转换身份、与上市公司签订劳动合同、职业经理人机制、契约化管理等方式，实现股权激励有效运转。

9.3.3　科学确定股权授予份额

总量方面，股权激励份额需在不同股东间形成共识，明确在政策允许区间内向员工让渡收益分享权益、参与治理权益的意愿和力度，同时考虑行业企业特点、可比公司相关实践等，综合确定股权激励总量上限、适中水平。**个量方面**，需科学设计股权分配方法模型，重点纳入岗位价值系数、绩效考核系数、司龄系数，还可根据实际需要纳入部门（事业部）重要度系数、岗位胜任度系数、未来重要度系数等，综合计算得出具体激励对象授予额度占总量的比例；同时需确保激励对象有足够的压力、动力，在员工现有薪酬水平基础上评估员工出资能力、明确员工出资下限，从而为总量设置提供参照。**综上**，总量与个量的确定是一个双向过程，并非简单分解或加总。**另外**，还需统筹考虑基层员工、业务骨干、中层管理人员、高层管理人员的价值产出规律、需求特点、激励约束特点，差异化设计其薪酬结构，**差异化设置股权激励权益占个体薪酬总水平的比例**。对于国有控股上市公司，政策已规定董事、高管人员股权激励权益占个人薪酬总水平比例上限为40％，中层管理人员、业务骨干人员、基层员工的相应比例应当逐级下调，保障管理层更大程度参与公司治理，同时激励员工谋求在企业内长远发展、逐步晋升。对于资产积累较少的年轻员工，工资、奖金等短中期激励方式相较于股权激励更有立竿见影的成效，除非企业业绩增长十分可观、市值增长迅速能够保障股权分红水平、价值增长效益，例如腾讯、阿里巴巴等互联网公司基于较好的市值增长前景，对年轻员工积极实施股权激励，取得了较好效果。**综上**，需将股权激励与其他激励工具科学组合，通过差异化设置实现对不同人群的精准激励。

参 考 文 献

［1］习近平．习近平谈治国理政．第一卷［M］．北京：外文出版社，2014．

［2］习近平．习近平谈治国理政．第二卷［M］．北京：外文出版社，2017．

［3］习近平．习近平谈治国理政．第三卷［M］．北京：外文出版社，2020．

［4］周友苏．中国特色国有公司治理的特征、要点和实现路径［J］．经济法论丛，2017（02）：56－64．

［5］仲继银．董事会与公司治理［M］．北京：中国发展出版社，2009．

［6］刘明忠，徐建华．加快国有企业董事会建设的若干思考．经济与管理研究，2008（07）：92－95．

［7］楼建波．公司治理原则：分析与建议［M］．北京：法律出版社，2006．

［8］国务院国资委考核局．成为绩优央企：八家央企连续15年绩优的密码［M］．北京：机械工业出版社，2019．

［9］国务院国资委考核局．业绩优秀中央企业公司治理和管理模式研究丛书［M］．北京：机械工业出版社，2019．

［10］中国电科集团以划分治理主体权责关系为突破口加强中国特色现代企业制度建设［OL］．https：//mp．weixin．qq．com/s/d－bp_n1Td22F9SnDg－PZw．

［11］保利集团创新外部董事履职渠道 打造外部董事深度参与的董事会［OL］．https：//mp．weixin．qq．com/s/1tpmfTXY27g7bI_4oSXy7Q．

［12］华润集团建设价值创造型董事会 深化国有资本投资公司试点改革［OL］．https：//mp．weixin．qq．com/s/8pu5Mg1asRDtsU6GmSeGPQ．

［13］落实职权试点 完善公司治理 中国节能董事会有效发挥决策引领作用［OL］．https：//mp．weixin．qq．com/s/tbFjdi4rxPRlSsaNq6X4mw．

［14］国有资本授权经营体制改革取得积极成效［OL］．https：//mp．weixin．qq．com/s/NKrNBquNipdADV84fV78GQ．

［15］中国宝武全力推进公司治理体系和治理能力现代化［OL］. https：//www. sohu. com/a/397164494_365977.

［16］中国大唐坚持党的领导，推进公司治理现代化成效经验受到国资委党委书记充分肯定［OL］. http：//www. dteg. com. cn/second/index. aspx？nodeid＝14&page＝ContentPage&contentid＝8184.

［17］安徽省盐业总公司. 海螺职工持股改写企业发展速度［J］. 中国盐业，2016（10）.

［18］本书编写组. 国企改革若干问题研究［M］. 北京：中国经济出版社，2018.

［19］国家开发投资集团有限公司. 国投的逻辑［M］. 北京：机械工业出版社，2019.

［20］高明华. 澄清对国有资本授权经营的模糊认识［J］. 中国党政干部论坛，2019（5）：54-57.

［21］李南山. 国资授权经营体制改革：理论、实践与路径变革［J］. 上海市经济管理干部学院学报，2018（3）：1-9.

［22］李锦. 以授权经营体制为核心的国资改革正在布新局［J］. 现代国企研究，2019（6）：20-25.

［23］周丽莎. 改革国有资本授权经营体制实现授权放权机制有效运行［N］. 经济参考报，2019-06-24（7）.

［24］张小江. 深化国有企业混合所有制改革的风险与路径探析［J］. 财经界（学术版），2020（16）：29-30.

［25］金依媚. 国企混合所有制改革与企业活力研究［D］. 浙江财经大学，2016.

［26］佟健，宋小宁. 混合所有制改革与国有企业治理［J］. 广东财经大学学报，2016，31（01）：45-51.

［27］李跃平. 回归企业本质：国企混合所有制改革的路径选择［J］. 经济理论与经济管理，2015（01）：22-25.

［28］杨红英，童露. 论混合所有制改革下的国有企业公司治理［J］. 宏观经济研究，2015（01）：42-51.

［29］孙莹莹. 混合所有制改革对国有企业综合绩效影响分析［J］. 时代金融，2020（20）：94-95.

［30］邓溪乐，郝颖，黄颖婕. 混合所有制改革、治理路径与企业创新［J］. 财会月刊，

2020（15）：25 - 34.

[31] 黄速建 . 中国国有企业混合所有制改革研究［J］. 经济管理，2014，36（07）：1 - 10.

[32] 袁惊柱 . 国有企业混合所有制改革的现状、问题及对策建议［J］. 北京行政学院学
报，2019（01）：71 - 78.

[33] 梁永福，苏启林，陈林 . 混合所有制改革的优先顺序及其影响因素——基于国家、
企业与社会三方合力视角［J］. 产业经济研究，2017（02）：88 - 101＋113.

[34] 盛毅 . 新一轮国有企业混合所有制改革的内涵与特定任务［J］. 改革，2020（02）：
125 - 137.

[35] 王悦 . 混改的模式和路径［J］. 上海：上海国资，2016（09）.

[36] 许保利 . 集团层面股权多元化是推进国企改革发展的重要举措［J］. 北京：中国经
济周刊 . 2019（21）.

[37] 钱婷，唐孝文 . 国有企业集团混合所有制改革治理完善路径研究：基于"集团治理"
概念框架的分析［J］. 北京：管理现代化，2017（4）.

[38] 洪全印 . 关于国有企业集团层面混改的实践与思考［C］// 中国企业改革发展优秀
成果 2018（第二届）上卷 . 2018.

[39] 宋文阁，刘福东 . 混合所有制的逻辑：新常态下的国企改革和民企机遇［M］. 北京：
中华工商联合出版社，2014.

[40] 国家发展改革委体改司，国家发展改革委 . 国企混改面对面：发展混合所有制经济
政策解读［M］. 北京：人民出版社，2015.

[41] 陈义和，赵杨 . 混合所有制改革的内涵与外延［M］//中国能源发展报告（2015）.
北京：社会科学文献出版社，2015.

[42] 邹东涛，欧阳日辉 . 中国所有制改革 30 年［M］. 北京：社会科学文献出版
社，2008.

[43] 国务院国资委改革办，国务院国资委新闻中心 . 改革实践：国资国企改革试点案例
集［M］. 北京：机械工业出版社，2019.

[44] 南方电网公司 . 南方电网公司国企改革探索与实践：试点案例 26 例［M］. 北京：
中国经济出版社，2019.

[45] 杨红英，童露 . 国有企业混合所有制改革中的公司内部治理［J］. 技术经济与管理研

究，2015，000（005）：50-54.

[46] 王春侠，罗安婕，张军．东航物流混合所有制改革模式的几点思考 [J]．财务与会
计，2019（15）.

[47] 张华磊，柴莹，陈琦．中央企业引入职业经理人制度研究 [J]．中国人力资源开发，
2016（20）：16-22.

[48] 国务院国有资产监督管理委员会研究局．探索与研究——国有资产监管和国有企业
改革研究报告（2014—2015）[M]．北京：中国经济出版社，2017.

[49] 任永强．中国中央企业职业经理人制度建设研究 [D]．武汉：武汉大学，2016.

[50] 王悦．混改：资本视角的观察与思考．北京：中信出版社，2019.

[51] 时旸，仲崇斌．国有上市公司股权激励实践报告（2018）．北京：社会科学文献出版
社，2018.

[52] 陈丰．股权激励：融资、融人、融智的零成本秘诀．广州：广东经济出版社，2017.

[53] 周丽莎．国有企业实施中长期激励方式研究 [N]．经济参考报，2018-09-03
（007）.

[54] 邓磊．企业中长期激励探讨 [J]．人力资源管理，2013（10）：173.